Arthur Berger
Neuseeland – Auf den Spuren der Maori

SEVERUS Verlag

Berger, Arthur: Neuseeland – Auf den Spuren der Maori. 2016
Neuauflage der Ausgabe von 1934
ISBN: 978-3-95801-504-3

Umschlaggestaltung: SEVERUS Verlag


Bibliografische Information der Deutschen Nationalbibliothek: Die Deutsche Nationalbibliothek
verzeichnet diese Publikation in der Deutschen Nationalbibliografie; detaillierte bibliografische
Daten sind im Internet über https://dnb.de abrufbar.

Der SEVERUS Verlag ist ein Imprint der Bedey & Thoms Media GmbH,
Hermannstal 119k, 22119 Hamburg

Arthur Berger

# Neuseeland – Auf den Spuren der Maori

# Inhaltsverzeichnis

*Baumfarne ersetzen die Palmen in den neuseeländischen Wäldern*

# In Auckland betrat ich Neuseelands Boden

Schwer war uns der Abschied von Samoa geworden. Zu lieb hatten wir die freundlichen, stolzen Eingeborenen gewonnen, zu glückliche Wochen mit und unter ihnen verlebt. Im Boot hatten uns die braunen Freunde noch bis ans Schiff begleitet, nun scholl ihr herzliches „Tofa! Tofa!" Ja, lebt wohl ihr glücklichen Sonnenkinder!

Über dem Abschied hatten wir ganz vergessen, uns das Schiff anzusehen, das für die nächste Zeit unsere Heimat sein sollte. Einen sonderlich vertrauenerweckenden Eindruck machte es leider nicht. Nur aushilfsweise war die „Manapuri" eingestellt. Einst war sie Kohlendampfer gewesen, dann zum Passagierdampfer umgebaut. Nie bin ich weder vor- noch nachher auf einen so scheußlichen Kahn gefahren. Er war ständig in Bewegung, verneigte sich nach allen Seiten bei dem geringsten Seegang. Da wir aber fast während der ganzen nächsten Woche Sturm hatten, war die Ernte der Seekrankheit eine nur gar zu reiche. Wir wenigen, die von ihr verschont blieben, hatten das ganze Deck für uns.

Die verschiedenen Tongainseln wurden angelaufen, aber sie boten nichts Interessantes, außer einer allerdings märchenhaft schönen Höhle, vor der sich die Blaue Grotte auf Capri bescheiden verkriechen müßte. Nur im Windschutz der Insel ist es möglich, durch die kleine, niedrige Einfahrt in das Innere zu gelangen. Springt, was in dieser Weltgegend nichts Seltenes ist, ein plötzlicher Sturm auf, so sitzt man darin wie in einer Mausefalle, ist verloren, denn Süßwasser oder Proviant für etwaige Eingeschlossene gibt es nicht. Die Grotte selbst ist hochgewölbt, wird von unten blau beleuchtet durch das durchsichtige Meerwasser, welches das Tageslicht reflektiert. Das geschieht um so kräftiger, als die Wände der Höhle nicht bis zum Meeresgrund hinabsinken, sondern nur wenig in das Meer hineinragen. Dieser Teil der Insel hängt also gewissermaßen über dem Wasser. Schlägt man gegen die Felswände, so klingen sie wie Glocken. Erhöht wird die Merkwürdigkeit des Eindruckes dieses gleichsam auf dem Meere schwimmenden Domes durch unzählige Schwalben, die in der Höhle wohnen, ununterbrochen hin und her jagen. — Kaum wieder auf hoher See, begann die „Manapuri" ihren alten Tanz. An Deck wurde es bald still, zu viel Passagiere hatten sich in ihre Kabinen verzogen. Trostlos grau rollte das Meer rundum, wie Unglücksvögel gaukelten mit heiserem Schrei die riesigen Albatrosse vorüber, stiegen hoch und warfen sich wie spielend im Sturm. Außer ihnen belebten nur die kleinen dunkelbraunen Sturmschwalben das düstere Bild. „Schlittschuhläufer" des Meeres werden sie auch genannt. Immer sieht man sie, gerade dort über die Wogen hinhuschen, wo diese sich am höchsten auftürmen, um dann in die tiefsten Wellentäler gleichsam hinabzugleiten. Bald tauchen sie auf, entschwinden dem Auge wieder, daß man glaubt eine Sturzsee habe sie gepackt, begraben. Und dann sind sie wieder da, trippeln und schweben auf und nieder.

Von Schweinsfischen, die sonst die Schiffe so gern begleiten, ist bei dem schweren Seegang nichts zu sehen, sie bevorzugen für ihr Spiel ruhiges Wetter. Dann allerdings sind sie oft treue Reisegefährten. Erlebte ich es doch, daß eine Schweinsfischherde unser Schiff von früh bis in die sinkende Nacht umspielte. Eine Heimat haben sie aber nicht, sind ruhelose Weltenwanderer. Um die Ausdauer der Tiere festzustellen, hatten wir verabredet, sie den ganzen Tag über nicht aus dem Auge zu lassen, ständig stand einer von uns am Reling und beobachtete. Das wurde uns dadurch erleichtert, daß eines der Tiere eine mächtige frische Wunde an der Seite zeigte, ein Schwertfisch oder Hai hatte ihm wohl ein Stück Speck herausgebissen. — Und das Wetter wurde immer trostloser. Zum schweren Seegang gesellte sich Regen, der wie ein dichter grauer Schleier den Rundblick verhängte. So erreichten wir die ersten der ungezählten Neuseeland vorgelagerten Klippen und Inselchen, die hier die Seefahrt so gefährlich machen, zumal nur zu oft Unterwasserriffe durch die in diesen Gegenden häufigen See- und Erdbeben gehoben werden.

Als wir am Abend nicht mehr fern von unserem Ziel — dem schönen Auckland — waren, fiel so dichter Nebel, daß es unmöglich war, ohne Gefährdung des Schiffes die Fahrt fortzusetzen. So kreuzten wir, fast in Sicht des Landes, nahe der Großen Barrierinsel, auf See hin und her. Erst gegen Mittag des nächsten Tages wurde es heller. Trotz der Entfernung vom Lande tauchte zu unserem Erstaunen ein einzelnes Motorboot auf. Aufmerksam folgten wir mit den Gläsern seiner langsamen Fahrt. Ein Sportfischer war an Bord. Hier an der Nordküste von Neuseeland ist das beste Gebiet, die riesigen Schwertfische oder Mörderhaie zu angeln. Mit leichter Rute wird der Köder ausgeworfen, und eine erstaunliche Geschicklichkeit, Ausdauer und Sachkenntnis gehören dazu, diese Fische, die bis fast 10 Zentner wiegen, wenn sie einmal gebissen haben, an der Angel zu halten, zu ermüden, bis es gelingt, ihnen mit der Harpune den Todesstoß zu versetzen.

Ein herrliches Bild bot die Einfahrt in den von Bergen umgebenen schönen Hafen von Auckland. Rundum grüne Hügel, abgeschnittene Vulkankegel, und an den Hängen die schnell heranwachsende Stadt. Aber wir konnten noch nicht am Kai festmachen, erst mußte der Hafenarzt kommen. Lange hatten wir auf ihn zu warten. Spät nachmittags war es schon geworden, und da wieder der Regen herabzuprasseln begann und die Landschaft verschleierte, zogen wir uns in den Rauchsalon zurück, spielten, um die Langeweile zu vertreiben, Karten. Gerade hatte ich ein großes Spiel in der Hand, da trat von hinten ein Herr an mich heran, schob mit energischem Griff meine Karten zusammen, legte sie auf den Tisch und erklärte: „Meine Herren, am Sonntag spielt man nicht." Erstaunt blickten wir vom Spiel auf: „Sonntag? — Sie irren — Sonnabend."

„Nein, mein Herr, Sonntag. Sie vergessen, Sie sind über den 180. Längengrad gekommen. Hier ist der Schiffskalender anders als der Landkalender. Wir sind einen Tag weiter."

Dagegen war nichts zu machen, er hatte zweifellos recht, wir hatten den Tag, den wir beim westöstlichen Überschreiten dieses Längengrades verloren hatten, wieder eingeholt. Die Schiffe, die auf dieser Route hin und her fahren, ändern der Einfachheit halber das Datum nicht, sonst wären die Logbücher zu schwer zu führen.

So fügten wir uns, machten das Gepäck zur Landung fertig. Noch immer regnete es, als wir an Land gingen, aber mein Freund war trotzdem guter Stimmung. Froh reckte er sich, endlich wieder festen Boden unter den Füßen zu haben, die Seekrankheit los zu sein.

Der Zoll war bald erledigt. In einem hübschen Hotel fanden wir Unterkunft. Hungrig wie ein Löwe wollte sich mein Freund auf das Abendessen stürzen, nach diesen Tagen unfreiwilligen Fastens. Aber er fand bei seiner Bestellung nichts als erstaunte Gesichter.

„Abendessen? Sie sind in Neuseeland; von 6 Uhr abends an haben Sonntags alle unsere Angestellten frei. Sie können nichts bekommen." Der zweite Dämpfer. Nur mit Mühe gelang es, eine Portion Tee zu erhalten. Keks hatten wir erfreulicherweise im Gepäck, so brauchten wir wenigstens nicht zu hungern. Und früher als sonst lag ich im Bett. —

Strahlender Sonnenschein ließ den letzten Ärger vom vorhergehenden Tage rasch verfliegen. Hinaus ging es in die schöne, schnell aufstrebende Stadt mit ihren sauberen Straßen, prächtigen Gärten und Villen. Noch vor 30 Jahren hatte Auckland 65 000, heute weit über 200 000 Einwohner. Immer mehr machen hohe Wolkenkratzer den früheren hübschen kleinen Gebäuden den Platz streitig. Wundervoll ist die Umgebung; unbeschreiblich schön der Blick vom Mount Eden, der sich nahe bei Auckland erhebt. Er stellt das Wahrzeichen, den Stolz der Neuseeländer dar. Der Blick von hier oben gilt als eines der Weltwunder. In einem Umkreise von wenigen Kilometern ragen in Grün gebettet mehr als 50 erloschene Vulkane empor. Wahrlich, das muß eine ungemütliche Ecke gewesen sein, als wohl in prähistorischer Zeit alle diese Vulkane ihre Feuersäulen emporschossen, die Erde nur gar zu oft beben ließen.

Auf dem Meere sieht man bei klarem Wetter die Große Barrierinsel; zu Füßen des Beschauers aber glänzen die beiden Häfen, zwischen denen Auckland liegt, deren einer nach dem Stillen Ozean, der andere nach der Australsee gerichtet ist. Der Mount Eden ist aber nicht nur als Aussichtspunkt, sondern auch in historischer Hinsicht berühmt. Er stellt ein vollkommenes Amphitheater dar; ein geradezu klassisch schöner Platz für große Versammlungen oder Volksfeste. Rund um den Berg ziehen sich nach innen und außen Terrassen. Sie sind nicht von der Natur geschaffen, sondern von den Maoris vor Jahrhunderten angelegt. Der Mount Eden war ein großer „Pah", eine Maorifestung. Jede dieser Terrassen war wieder von einer Art Schützengraben umgeben, mit hohen, aus Kauriholz gefertigten Palisaden umzäunt, eine wahrlich schwer einzunehmende Festung.

Auckland ist ein geradezu idealer Punkt, um Ausflüge nach allen Richtungen hin zu unternehmen. Dadurch, daß die Stadt auf einer Landenge zwischen den beiden Meeren, nach Osten an einem herrlichen, zu einer Bucht sich erweiternden Hafen liegt, gehen Dampfer nach allen erdenklichen Ausflugspunkten an der Küste. Daneben verbinden natürlich Bahnen und namentlich Autos die verschiedenen Ortschaften des

*Auckland, Neuseelands herrlicher Nordhafen*

Landes. Im allgemeinen ist das Bahnwesen in Neuseeland infolge des außerordentlich verbreiteten Autoverkehrs in den Hintergrund getreten.

Wie Neuseeland reich ist an Merkwürdigkeiten der Tierwelt, so hat auch die Flora ihre Besonderheiten. Leider gehen aber manche Arten infolge eines unvernünftigen Raubbaues ihrem Untergang entgegen. Unter ihnen ein Riesenbaum: die Kaurifichte. Schon ehe die Weißen nach Neuseeland kamen, hatten die Eingeborenen in dem Kauriholz ein geradezu ideales Schiffsbauholz erkannt. Die meisten Bestände dieser „Königin des Neuseelandwaldes" sind großenteils abgeholzt. Der größte Kauriwald findet sich heute im nördlichen Teil der Nordinsel, nicht allzu weit von Auckland, bei Whangerei. Die Bahnfahrt dorthin ist außerordentlich interessant, führt durch Steppe, gutes Weideland, vorüber an Kohlengruben, Kalksteinbrüchen, heißen Quellen, bis man endlich Kauri Hohore erreicht. Hier steht der größte und wohl älteste Kauribaum der Welt, sein Alter wird auf 5000 Jahre geschätzt. Über 60 m ragt dieser Riese der Pflanzenwelt kerzengerade empor.

Was die Edeltanne für die deutschen Wälder, was die Zeder des Libanon für die Phönizier und Juden war, das ist die Kaurifichte (Dammara australis) für die Neuseeländer. Die Kolonisten nennen sie Yellow-Pine (gelbe Fichte). Die Kauri hat die Eigentümlichkeit, daß sie nur auf ganz besonderem Boden, nämlich merkwürdigerweise auf Tonerde, wächst. Außerdem ist sie an Seeluft gebunden, kommt mithin nur in Gegenden vor, über die ständig der Seewind hinwegstreicht. Dagegen findet sie sich nicht etwa an der Küste, denn Seewasser ist ihrem Wachstum unzuträglich. Im Gegensatz zu den übrigen neuseeländischen Nadelhölzern, welche Beerenfrüchte tragen, hat die Kaurifichte, ähnlich der unsrigen, Zapfen. Unendlich langsam ist ihr Wuchs; aber kerzengerade steigt ihr Stamm empor, verjüngt sich jedoch nicht nach oben, sondern bleibt gleichmäßig dick wie eine Walze. In ihrer Jugend, d. h. in den ersten 100 Jahren, ist die Krone pyramidenförmig, später erst breiten ihre Zweige sich nach der Seite aus, so daß der Baum mehr Pinienform annimmt.

Wie schon gesagt, liefert dieser dunkelgrüne Urwaldriese das edelste Schiffsholz. Daneben aber produziert er in ungeheurer Menge ein außerordentlich wertvolles Harz, das überall von den Ästen tropft, namentlich aber auch dem Wurzelstock entquillt. Aus diesem berühmten Dammaraoder Kopalharz werden die feinsten Lacke hergestellt.

Infolge der dauernd zunehmenden Ausrottung der Bäume steigt dieses Produkt naturgemäß ständig im Preise. Eine auf die Zukunft bedachte Regierung müßte daran denken, Kauri wieder anzupflanzen. Dies hat aber seine Schwierigkeiten. Denn die Kauri ist außerordentlich wählerisch im Boden, und der ihr zusagende Tonuntergrund nimmt nicht größere Landstriche ein, sondern liegt in verhältnismäßig kleinen Nestern. Heute weiß man naturgemäß nicht mehr, wo einst Kauriwälder standen, denn vielfach sind diese von den Siedlern und auch schon von den Maoris durch Niederbrennen vernichtet worden.

Staunen müssen wir über die Ausdauer der Maoris, welche früher mit ihren primitiven Steinbeilen diese oft bis 5 m starken Urwaldbäume gefällt haben. Hatten sie einen solchen Riesenstamm niedergelegt, so wurde er entästet und aus ihm gleich an Ort und Stelle, wohl in jahrelanger Arbeit, ein Riesenkanu gezimmert. Um das Fahrzeug aber zu Wasser zu bringen, mußten gewaltige Schneisen durch den Wald gehauen, durch viele Menschenhände allmählich das Kanu meilenweit bis zum Fluß oder Meer transportiert werden.

Wenn heute ein Kauristamm gefällt wird, so schlagen die Kolonisten den Busch rundherum nieder, verbrennen die unnötigen Büsche und Bäume, um freie Hand zu bekommen. Bei dieser Gelegenheit bricht aber nur zu oft eine Feuersbrunst aus, denn alles umstehende Buschzeug, das Gras, der Boden selbst sind von dem leicht brennenden Kauriharz getränkt. Dadurch frißt das Feuer nur zu leicht unbeabsichtigt weiter; die Kauristämme selbst geraten mit in Flammen.

Bei dem in die Jahrtausende gehenden Wachstum einer Kaurifichte sind ungeheure Mengen Harz herabgetropft, vom Pflanzenwuchs überwuchert. Ebenso schwitzt, wie bereits erwähnt, die Wurzel gewaltige Mengen von Kauriharz aus. Es liegt verhärtet in der Erde, selbst wenn die Wurzeln längst verwittert sind. Dieses Kopal wird von den sogenannten „Gummisuchern" ausgegraben. Es gibt geradezu Spezialisten in diesem Fach, welche sich auch darauf verstehen, Stellen ausfindig zu machen, auf denen einst Kauriwälder standen. Mit langen, dünnen Stangen sondieren sie das Erdreich und bringen hierbei zuweilen erstaunliche Mengen dieses wertvollen Harzes zutage. Einen Klumpen von mehr als 1 Zentner Gewicht hat ein solcher glücklicher Sucher einmal gefunden. Das Kauriharz wird also ähnlich aus dem Erdboden gehoben wie unser Bernstein, nur mit dem Unterschied, daß offenbar in Neuseeland der bergbaumäßige Abtrieb nicht lohnt.

Ehe wir Auckland verließen, besuchten wir nochmals das Museum, um uns genauer über die Maoris, ihre Kunst und Geschichte zu unterrichten.

Erstaunt betrachteten wir die geradezu meisterhaft ausgeführten Holzschnitzereien. Nicht nur kleine Gegenstände, sondern Pfosten, Dachgesimse, Türen, Schiebefenster, ja ganze Hauswände waren in den verschlungensten Arabesken mit verblüffender Exaktheit geschmückt, mit ihnen geradezu überdeckt. Meist fanden sich zwischen ihnen grotesk verzogene Menschengesichter, vielfach mit herausgestreckter Zunge: das Symbol der Verachtung des Feindes oder dessen, der den Besitzer des Hauses schmähen will. Wir stehen vor einem Rätsel, wie die alten Maoris es seinerzeit fertiggebracht haben, mit ihren primitiven, aus Stein gefertigten Geräten das eisenharte Holz derartig sorgfältig zu bearbeiten. Ganze Häuser sind im Museum aufgestellt. An ihnen fiel uns besonders die Dachart auf. Sie haben das Giebeldach, genau wie die europäischen Gebäude. Ob diese Bauart hier schon in ältester Zeit gebräuchlich war oder erst durch die Weißen eingeführt worden ist, steht dahin.

Auch viele Hausgeräte zeigten dieselben feinen Schnitzereien, vor allem aber war Wert auf kunstvoll gebaute Schiffssteven gelegt. Im Museum befindet sich auch das letzte große Kriegskanu der Maoris. Leider sind die Meisterwerke vollendeter Schiffsbaukunst der Südseevölker anläßlich kleiner Empörungen gegen die Europäer von den Engländern seinerzeit zerstört worden. Sie erklärten diese Holzkähne für „Kriegsschiffe" und schossen sie ohne Rücksicht auf ihren ungemein künstlerischen und ethnographischen Wert zusammen oder zündeten sie an!

Ließen uns schon die Holzarbeiten staunen, so wurde die Verwunderung noch gesteigert bei Betrachtung der aus dem diamantharten Nephrit gefertigten Amulette und namentlich der Keulen, „Mele" genannt. Sie sind unglaublich genau geschliffen, und wahrlich, Geduld gehörte dazu, denn nicht weniger als zwölf Jahre hatte ein Mann hieran zu arbeiten. An Waffen sind Speere, Beile und Keulen aus Holz, Bein und Stein verwendet worden; es fehlt dagegen der Bogen. Diese Waffe, die den Maoris wohl bekannt war, fand, wie auch auf Samoa, nur Verwendung zum Fischschießen. Sie im Kampfe zu gebrauchen, galt als unmännlich, Mann gegen Mann sollte gefochten werden, nicht mit der tückischen, ferntreffenden Waffe, mit der ein Schwächling einen Helden zur Strecke bringen konnte.

In der Kunst fast aller Völker — der primitiven sowohl wie der hoch-kultivierten — finden wir auch Tiere abgebildet. Schon die Steinzeit-menschen in Europa, die alten Ägypter, die Eingeborenen in Tripolis bis hinunter nach Südafrika formten aus Ton oder meißelten in Stein Tierbilder. Kein Bildwerk der Maoris zeigt aber die Nachbildung eines Tieres. Man wird mir vorhalten, daß dies selbstverständlich sei, weil ja Neuseeland so tierarm ist. Das wäre ein Trugschluß, denn in früheren Zeiten gab es gerade in Neuseeland außerordentlich merkwürdige und im Leben der Eingeborenen eine wichtige Rolle spielende Tiere: die in großer Anzahl verbreiteten Moa- oder Riesenstrauße. Zweifellos war die Erlegung dieser Riesenvögel nicht ganz einfach, mußte einen gewissen Eindruck auf die Eingeborenen machen. Daß wir in der Kunst der Maori aber keinen Hinweis auf diesen Vogel wie auf Tiere überhaupt finden, beweist, daß die heutige Maorikunst unverändert seit vielen, vielen Jahr-hunderten besteht, und daß sie von ihrer Urheimat wohl nach Neusee-land verpflanzt, aber nicht weiterentwickelt worden ist. Da die Maori von Inseln kamen, auf denen es so gut wie keine Tiere gab, so fehlte die Anregung, sie im Bild festzuhalten. Und doch, ein Tierbild war und ist den Maoris bekannt, der „heilige Vogel Korotangi". Er ist aus dunkel-grünem Serpentin gefertigt und stellt eine „Seetaube", also einen Sturm-vogel dar. Dieses Bildwerk soll, wie berichtet wird, einst auf dem sagen-haften Doppelkanu Tainui aus Hawaiki nach Neuseeland gebracht worden sein. Merkwürdigerweise zeigt es keinerlei Anlehnung an die sonstige Maorikunst, vielmehr könnte man es für eine altägyptische Steinskulptur halten. Für die Maoris bedeutete es das höchste Heiligtum, war viel-leicht bereits seit Jahrtausenden in ihren Händen, als sie sich zum ersten Male in die Südsee hinauswagten. Um das Bildwerk zu schützen, wurde es früher — falls es nicht bei heiligen Handlungen Verwendung fand — von einem besonderen Hüter verborgen gehalten, der es an einer nur ihm bekannten Stelle aufbewahrte. So kam es, daß dieser steinerne Vogel beim plötzlichen Tode eines solchen Hüters verschollen war. Darob große Trauer in ganz Maoriland. Klagelieder wurden angestimmt, die merk-würdigerweise in der Nord- und Südinsel den gleichen Wortlaut haben, also offenbar durch Priester verbreitet worden waren. Und dann kam der große Tag, als ein Maori beim Fällen eines Baumes durch Zufall das

*Auf der Suche nach uraltem Kauriharz*

*Maorifrauen ernten den wertvollen Flachs*

16

Heiligtum unter einem Wurzelstock wiederfand. Durch den Übertritt zum Christentum verloren aber, wohl unter dem Einfluß der Missionare, die Maori den Sinn und das Interesse an ihrem einstigen Heiligtum; der Vogel Korotangi ging in englischen Besitz über.

Durch das Eindringen der westlichen Kultur drohte die Maorikunst zugrunde zu gehen. Aber gerade wieder diese Kultur ist es, welche sie zu neuer Blüte hat erwachen lassen: Seit einigen Jahrzehnten hat sich der Fremdenstrom Neuseeland zugewendet, und da den Weißen etwas geboten werden mußte, es in den Dörfern aber nur noch wenige alte, schöne geschnitzte Häuser gab, so entstanden nach altem Muster neue. Die Maori selbst waren über die sich in der Fremdenindustrie bietende bequeme Erwerbsquelle auch sehr erfreut, und so bürgerte sich wieder die alte Maoritracht ein, die alten Tänze kamen zu neuer Geltung. — Gegenüber früheren Zeiten ist dieses schöne Volk in seiner Zahl bedeutend zurückgegangen, und um die Jahrhundertwende fürchtete man, daß es aussterben würde. Aber dank der verbesserten hygienischen Verhältnisse und namentlich infolge des nunmehr seit Jahrzehnten herrschenden Friedens hat sich die Zahl von 47 000 wieder auf 65 000 gehoben und wächst ständig weiter. So ist zu hoffen, daß der symbolische Ausspruch, den einst ein Maorihäuptling gegenüber dem großen Neuseelandforscher Reischek tat, sich nicht bewahrheitet: „Wie der weiße Klee unsern Farn verdrängt hat, so wird der Pakeha (Weiße) bald uns verdrängt haben."

Wer die ältesten Einwohner waren, wissen wir nicht. Sicher ist aber, daß schon frühzeitig über See Einwanderer kamen, und die wohl geistig tiefstehenden Ureinwohner unterjochten. Maruiwi oder Mariori nennen die Maori diese alten Volksstämme, die schon eine Mischrasse darstellten. Sie saßen an der Nordküste der Nordinseln, bis die Maoris ins Land brachen, sie nach dem Innern und nach dem Süden verdrängten. Diese Reste älterer Bewohner stammten aus Uransässigen sowie aus eingewanderten Australiern und Malaien.

Kein Denkmal, keine Schrift kündet von der einstigen Einwanderung der jetzigen farbigen Bewohner dieser eigentümlichen Insel, denn Schriftsprache war dem Volke unbekannt, nur besaßen sie, ähnlich wie die Peruaner, durch Knoten geschlungene Geheimzeichen. Aber in den Gesängen und Liedern lebt für alle Zeiten die Überlieferung fort. Die ersten Berichte sind vielleicht auf das Jahr 650 n. Chr. zurückzuführen, nach anderen Berechnungen auf etwa 1300 n. Chr. Damals soll ein kühner Seefahrer namens Ngahue aus dem sagenhaften Hawaiki mit seinem riesigen Doppelkanu „Tainui" an der Küste aufgetaucht sein. Etwa 150 Ruderer bedienten das auch zum Segeln eingerichtete Fahrzeug — ein Meisterwerk der Schiffsbaukunst, in dessen Holz angeblich die Gebeine erschlagener Feinde eingearbeitet waren. Zweifellos sollte auf diese Weise die Kraft und die männlichen Tugenden dieser im Kampfe Getöteten auf das Boot übertragen werden. Ngahue hatte es in seiner Heimat nicht mehr gefallen, so war er mit abenteuerlustigen Gefährten hinausgezogen, ein neues, besseres Land zu suchen.

Diese bisherige allgemeine Annahme, daß unter Hawaiki eine bestimmte Insel Tahiti oder Sawaii zu verstehen sei, ist in neuerer Zeit erschüttert worden. Man faßt den Namen vielmehr als Awaland auf, das im Westen von Neuseeland zu suchen sei. Immer mehr bricht sich die Überzeugung Bahn, daß die Vorfahren der Maoris ursprünglich aus der Gangesebene oder aus einem Gebiete Hinterindiens stammen. Wahrscheinlich sind die Polynesier überhaupt zur Zeit der Hinduisierung des Malaiischen Archipels in den Stillen Ozean vorgedrungen oder dorthin verdrängt worden. Dies wäre also zu Beginn unserer Zeitrechnung geschehen. In der nachchristlichen Zeit erreichte diese Westostwanderung, die scheinbar jahrhundertelang andauerte, ihren Höhepunkt zwischen dem 7. und 12. Jahrhundert. Bekanntlich waren die Malaien immer gute Seefahrer, haben ja auch die große, Ostafrika vorgelagerte Insel Madagaskar besiedelt. Sie brachten es fertig, nicht nur die im Stillen Ozean verstreut liegenden Inseln aufzufinden, sondern auch einen Verkehr unter diesen herzustellen. Bis Tahiti und Samoa waren sie vorgedrungen, besiedelten und kolonisierten von dort ausgehend diametral den Stillen Ozean.

Die Hochseeschiffsbaukunst stand bei ihnen auf viel höherer Stufe, als bei Mittelmeervölkern und Normannen. Ohne jeden Nagel, ohne jedes Metallstück waren die riesigen Doppelkanus gefertigt, untereinander verbunden. Auf ihnen erhoben sich hohe Aufbauten, die einerseits die Schiffe zusammenhielten, andererseits aber auch Schutz bei Unwetter gewährten und vielen Familien und der Schiffsbesatzung Unterkunft boten. Der ganze Hausrat, selbst Hühner und Hunde, wurde mitgeführt, dazu reichlicher Proviant. In der Kokosnuß hatten die Seefahrer eine ganz hervorragende Konserve, die ihnen Trank und Nahrung zugleich gewährte. Der Kompaß war den Seefahrern natürlich unbekannt. Sie richteten sich lediglich nach den Sternen, nach denen auch viele Inseln, die unter dem Kulminationspunkt des jeweiligen Sternes lagen, benannt wurden. Da in der Südsee zu gewissen Zeiten bestimmte Winde — die Passate — monatelang in gleicher Richtung wehen, wurden hierdurch die Fahrten naturgemäß bedeutend erleichtert. Auch Seekarten hatten die Eingeborenen bereits, die aus feinen, zusammengebundenen Stäbchen hergestellt und von ihnen erstaunlich genau benutzt wurden. Ja, die nautische Ausbildung der Eingeborenen ging so weit, daß sie bereits Seefahrerschulen eingerichtet hatten. Wir können also wahrlich mit Bewunderung auf diese sogenannten „Primitiven" blicken, die als Seefahrer so Großes leisteten.

Mit der Entdeckung Neuseelands, die wir wohl ins 12. Jahrhundert verlegen dürfen, begann für die Polynesier eine regelrechte Kolonisation. Von Tahiti und den Cookinseln landeten wiederholt Flotten an der durch hohe Gebirge gegen Weststurm geschützten Ostküste. Da die ersten Entdecker des Landes in der Heimat berichtet hatten, daß es an nahrungsspendenden Gewächsen auf der Insel gebrach, brachte der nächste Auswandererschub Brotfrucht, Kokosnüsse, Bananen und auch die Tapa-Maulbeere zur Kleiderbereitung mit. Während die ersteren drei Fruchtbäume in dem kälteren Klima nicht gediehen, hielt sich der Maulbeerbaum eine Zeitlang, verkümmerte dann aber. Besseren Erfolg hatten die Einwanderer mit der Süßkartoffel, Taro und Yam, die heute noch angebaut werden.

Im Gegensatz zu dem Überschuß in ihrer tropischen Heimat mußten die Einwanderer hier in dem kühleren Klima hart arbeiten, aber ihr Körper wurde dadurch gestählt.

Bis die Europäer kamen, gab es an größeren Fleischtieren außer dem früher sehr häufigen Kiwi, dem Schnepfenstrauß, vor allem jene leider ausgestorbenen merkwürdigen Moas, Riesenstrauße. Sie waren in mehr als 20 Arten auf den beiden Inseln verbreitet. Da sie keine tierischen Feinde, dafür überreichliche Nahrung hatten, belebten sie in großer Zahl die Ebenen, bis sie von den sich immer stärker vermehrenden Maoris in sinnloser Weise ausgerottet wurden. Man hat angenommen, daß das Verschwinden dieser Vögel die Veranlassung zum Kannibalismus der Maoris gegeben hat. Das dürfte aber nicht der Fall sein, denn damals hatten sich schon längst die von Cook und andern Reisenden ausgesetzten Schweine und Ziegen über die ganze Insel verbreitet. Sicher haben die Maoris schon seit ältesten Zeiten der Menschenfresserei gehuldigt. Diese nahm später, namentlich in den Zeiten der furchtbaren Bruderkriege des vorigen Jahrhunderts mit der Verwilderung der Sitten und der allgemeinen Verrohung, einen geradezu schrecklichen Umfang an. Bis sie nach Befriedung des Landes erlosch. — Heute ist von der alten neuseeländischen Tierwelt (über die an anderer Stelle ausführlicher gesprochen werden soll) wenig übriggeblieben, an ihre Stelle sind alle möglichen aus Europa eingeführten Tiere getreten, die Fauna ist dadurch vollständig verändert worden.

Erstaunlich vielseitig war das Museum. Für uns Weltbummler gab es unendlich viel Interessantes zu sehen. So verbrachten wir einen ganzen Regentag in den schönen Räumen. Das erschien dem Museumswärter mehr als verwunderlich, solche Gäste waren ihm noch nicht vorgekommen. Ein sehr freundlicher Herr ging durch die Räume, ihn machte er auf die merkwürdigen Fremden aufmerksam, und als wir uns wieder mit viel Interesse in die Schätze einer Vitrine versenkten, sprach er uns an. Bald merkte er, daß wir einigermaßen Bescheid wußten, ging weiter mit von Schrank zu Schrank, wußte uns auf allerhand aufmerksam zu machen, was wir sonst wohl übersehen hätten. Beim Abschied händigte er uns seine Karte aus mit der Einladung, den Abend in seinem Hause zu verbringen.

Später erfuhren wir, daß er aus Liebhaberei im Museum arbeitete, ein ausgezeichneter Kenner von Land und Leuten war. Vorteilhafter konnten wir es gar nicht treffen, und in bester Stimmung fuhren wir, als der Regen aufgehört hatte, gegen Abend durch die freundlichen Villenstraßen nach dem außerhalb der Stadt gelegenen Haus unseres neuen Freundes Mr. Watson.

## Wie unsere Antipoden gefunden wurden

Nach dem Essen saßen wir auf der Veranda des kleinen Landhauses, das Mr. Watson bewohnte. Vor uns breitete sich das Lichtermeer von Auckland aus; der südliche Sternenhimmel stand über der spiegelnden See, die sich dunkel in die Unendlichkeit verlor. Da und dort zogen wie

*Maorifrau im typischen Flachsgewand*

*Häuptling Honana te Majoha*

22

Glühwürmchen die Lichter im Hafen hin und her kreuzender Schiffe vorüber. Nach Norden zu die Leuchtfeuer der Großen und Kleinen Barriereinseln und der die Schiffahrt bedrohenden Klippen. Düster wie eine Festung hob sich gegen den Nachthimmel der Mount Eden ab. Lange bewunderten wir das herrliche Bild, dann kam das Gespräch wieder auf die Maoris.

Und nun gab uns unser freundlicher Wirt eine ausführliche Erläuterung der Entdeckungsgeschichte der Inseln: Welches Volk als erstes dieses schöne Land betrat, ist schwer zu sagen. Bis in prähistorische Zeit müßte man da wohl zurückgreifen. Sicher sind, vermutlich von Australien kommend, Papuas die ersten Eindringlinge gewesen. Ob ihnen andere folgten, wissen wir nicht. Später kamen die Maoris, unterjochten die ganze Insel, schalteten als unumschränkte Herren, bis die Europäer sie ablösten.

Im allgemeinen gilt der Holländer Abel Janszoon Tasman, der am 13. Dezember 1642 die Westküste Neuseelands erreichte, als Entdecker dieser Doppelinsel. Doch ist wahrscheinlich, daß bereits vor ihm andere weiße Seefahrer sie gesehen und betreten haben. Auf einer 1638 veröffentlichten Karte finden wir bereits im Stillen Ozean eine undeutliche Küstenlinie verzeichnet mit der Bezeichnung „Zeelandia nova". Spanier oder Franzosen dürften dann die nächsten gewesen sein, welche auf der Suche nach dem sagenhaften großen südlichen Kontinent hier landeten. Für einen früheren Besuch und böse Erfahrung mit den Weißen spricht auch die Tatsache, daß die Maoris sich Tasman gegenüber ungemein feindlich verhielten, mehrere seiner Leute erschlugen, so daß er — entsetzt ob dieser „blutdürstigen" Farbigen — die erste angelaufene Bucht „Massacre-Bay" benannte. Heute führt sie allerdings den schönen Namen „Golden-Bay". Verfolgt man im allgemeinen die Entdeckungsgeschichte, so läßt sich immer wieder feststellen, daß die Weißen zuerst freundlich aufgenommen wurden, dann aber die Farbigen zu erpressen suchten, mißhandelten, ja als Sklaven wegführten. So machten es die kleinen Kauffahrer in der Südsee und die Spanier in Amerika. Immer war Gewinnsucht die Triebfeder, die zu Mord und Totschlag, schließlich zur Vernichtung hochkultivierter Völker führte.

Obgleich es für Tasmans durch lange Seefahrt geschwächte Matrosen notwendig gewesen wäre, längere Zeit an Land zu bleiben, zog er es doch vor, weiter zu segeln, namentlich, da ihm stürmisches Wetter sehr zu schaffen machte. Als er der Nordküste der Südinsel nach Osten folgte, hinderten ihn derartig starke Winde am Vorwärtskommen, wie er sie sonst nirgends erlebt hatte. Kein Wunder, er ahnte ja nicht, daß er sich der „windpipe of the Pacific", der die Nord- von der Südinsel trennenden Meerenge, näherte. Hier weht es immer gewaltig, denn wie durch ein Blaserohr wird der Wind zwischen den Steilhängen der Nord- und Südinsel hindurchgepreßt. So bog er nordwärts, entdeckte die zweite Insel und umfuhr auch die Nordspitze von Neuseeland, ohne aber nochmals zu landen. Die Holländer, Tasmans Landsleute, die auf alle etwaigen Möglichkeiten neuer Handelsbeziehungen eifersüchtig waren, hielten — um nicht andere Seemächte auf das Land aufmerksam zu machen — Tasmans Entdeckung vorläufig geheim.

So verging mehr als ein volles Jahrhundert, bis das weltentlegene Neuseeland von dem Engländer James Cook auf der ersten seiner großen Südseereisen neu entdeckt wurde. Nach 86tägiger Fahrt von Tahiti aus, landete er am 6. Oktober 1769 etwa in der Mitte der Ostküste der Nordinsel. Die Eingeborenen dieser Gegend hatten noch niemals ein europäisches Schiff gesehen und hielten es für einen großen Vogel, bewunderten die Segel als dessen Flügel. Als ein Boot zu Wasser gebracht wurde, glaubten sie, das sei das Junge des großen Vogels. Die Weißen in ihrer Kleidung erschienen den nackten Eingeborenen als übernatürliche Wesen. Da die Maoris aber trotz aller Verwunderung den Ankömmlingen mißtrauten, stellten sie sich ihnen feindlich entgegen und griffen mit dem Speer an. Bei dieser Gelegenheit fiel einer ihrer Häuptlinge durch einen Gewehrschuß. Das war zuviel für sie. Diesen Blitz- und Donnerschlag, der aus der Ferne tötet, konnten sie sich nicht erklären; viele boten Freundschaft an. Leider benahmen sich in der Folgezeit die Matrosen Cooks auch nicht besser als die meisten anderen Seeleute jener Jahre, und so mehrten sich blutige Zusammenstöße.

Cook fuhr an der Küste weiter und ergriff formell Besitz von der Insel für den König Georg III. Nach Süden Kurs nehmend, erreichte er auch die Südinsel, wo gleichfalls die englische Flagge gehißt wurde. Noch zweimal besuchte dieser kühne Seeforscher — 1773/74 und 1777 — die Inseln, um fast ein ganzes Jahr hierzubleiben und sie möglichst gründlich, wenigstens an den Küsten, zu erforschen, ihre Lage kartographisch aufzunehmen. Überall fand er die Eingeborenen feindlich, außerordentlich kriegerisch, dem Kannibalismus ergeben. Handwerk war ihnen fast unbekannt, was allerdings bei einem im tiefsten Steinzeitalter steckenden Volke so gut wie selbstverständlich war. Die Bevölkerung war zu aufsässig, als daß Cook gewagt hätte, Weiße hier zurückzulassen. So setzte er nur Schweine, Schafe, Haushühner und Ziegen aus, um den Eingeborenen Fleischnahrung zu geben in der Hoffnung, sie dadurch vom Kannibalismus abzubringen. Während die Schafe und Ziegen merkwürdigerweise auf der Insel zuerst nicht gediehen, vermehrten sich die Schweine um so mehr.

In der Folgezeit landeten die Franzosen mehrfach auf Neuseeland. Aber überall, wo sie mit Eingeborenen in der Südsee in Berührung kamen, gerieten sie nach anfänglich friedlichem Verkehr mit diesen in Kampf, der vielfach zur Zerstörung der Dörfer führte. Cook, der den Wert der Inseln erkannt hatte, von denen er für die englische Krone Besitz ergriffen hatte, setzte, in die Heimat zurückgekehrt, alles daran, die Aufmerksamkeit des Parlaments auf sie zu lenken, um sie zu kolonisieren. Auch der bekannte Amerikaner Benjamin Franklin unterstützte ihn in seinen Bestrebungen, allerdings vorläufig ohne Erfolg.

Von den Begleitern Cooks sind namentlich unsere beiden Landsleute, die deutschen Naturforscher Forster, hervorzuheben, die in weitgehender Weise zoologische und botanische Sammlungen anlegten.

Nun kamen nach Cook immer mehr Schiffe nach Neuseeland. Aber eine abenteuerliche Gesellschaft war es, die hier zusammentraf. Meist handelte es sich um Walfischfänger und Robbenjäger, die namentlich die Küste der Südinsel besuchten, nach dem Südlichen Eismeer vorstießen. Mit Hilfe von Branntwein verstanden sie es, die Freundschaft der handelslustigen Kannibalen zu gewinnen. Bald liefen auch ständig die Segler einer Firma aus Sydney die Inseln an und erhandelten hier besonders den wertvollen, von den Maoris kultivierten neuseeländischen Hanf.

Sehr viel lag den Engländern daran, die Bearbeitung des Hanfs von den Eingeborenen kennenzulernen. Da das in Neuseeland gewisse Schwierigkeiten bereitete, so nahm Leutnant King, der Gouverneur der Norfolkinsel, im Jahre 1793 kurzerhand einige Neuseeländer gefangen, entführte sie und lernte von ihnen die Hanfbereitung. Diese geraubten Leute wurden auf das freundlichste behandelt, fühlten sich unter den Engländern sehr wohl und eigneten sich deren Sprache an. Als sie in ihre Heimat zurückgekehrt waren, wurden durch sie Handelsbeziehungen mit den übrigen Maoris angesponnen.

Es dauerte nicht lange, so ließen sich die ersten Weißen als „Pakeha Maori", d. h. als „fremde Eingeborene" unter den Maoris nieder und waren gern gesehen. Hanf, die prächtigen Stämme der Kaurifichte und andere zum Schiffbau wertvolle Hölzer waren gesuchte Tauschartikel. Daneben aber noch eine fürchterliche Kuriosität, tätowierte Menschenköpfe. Waren diese bisher als Siegeszeichen an den Maori-Pahs aufgehängt worden, so wanderten sie nun in die Vitrinen europäischer Museen und Privatsammlungen. Natürlich war der Vorrat dieser Scheußlichkeiten bald erschöpft, und um immer Vorrat an präparierten Köpfen für die Händler auf Lager zu haben, mußten Sklaven herhalten. Ihre Gesichter wurden tätowiert, ihnen die Köpfe abgeschlagen, dieselben gedörrt und verkauft. Es wurde ein schwungvoller Handel getrieben, bis die Missionare ins Land kamen und ihm ein Ende bereiteten.

Die Weißen, die sich auf den Inseln als Kaufleute betätigten, waren großenteils der Auswurf der Menschheit. Mit Alkohol und allen möglichen Lastern wirkten sie zerstörend auf die Gesundheit dieser kernigen Eingeborenen. Die Häuptlinge waren klug genug, bald die Gefahr, die ihrem Volke drohte, zu erkennen. Sie machten Front, ließen nur eine gewisse Anzahl weißer Kaufleute zu.

Besonders schlimm war es, daß neben dem Alkohol vor allen Dingen Gewehre, Pulver und Blei den an sich schon kriegsliebenden Maoris verhandelt wurden. Infolgedessen gewannen die bereits seit Jahrhunderten tobenden Bruderkämpfe ständig mehr an Ausdehnung, wurden immer blutiger.

Etwa um die Jahrhundertwende (1800) waren die Missionare nach den Inseln gekommen und hatten bei dem klugen Volke freundliche Aufnahme gefunden. Ohne sonderliche Schwierigkeiten gelang es ihnen, das Christentum zu verbreiten. Dabei wendeten sie verständigerweise ihr Augenmerk nicht nur auf die Verbreitung des Glaubens, sondern auch auf die Unterweisung im europäischen Handwerk, gaben den Maoris eine Schriftsprache und konnten bald zufrieden auf den Erfolg ihrer Tätigkeit zurückblicken. Nicht zum wenigsten bahnten die Kirchenlieder mit ihren schönen Melodien den Weg zu den Herzen dieses Volkes, dessen Lieder alle ernst, getragen, fast mit einem melancholischen Einschlag gesungen werden. Hindernisse wurden den Missionaren nicht so sehr von den Eingeborenen als von den weißen Händlern bereitet. Diesen, jeglicher Moral baren Männern, war das ernste Walten der strebsamen

*Maorischnitzereien*

*Kunstvoll geschnitzte Tür und Fenster*

Glaubensboten ein Greuel. Sie suchten ihnen das Leben möglichst schwer zu machen.

Schwierigkeiten bestanden natürlich in der Erlernung der Sprache. Um dem abzuhelfen und die Bibel richtig für die Maoris übersetzen zu können, wurden zwei besonders begabte Englisch sprechende Schüler des Missionars Marsen nach England geschickt, um den Prof. Lee bei seinen Sprachforschungen zu unterstützen. Es waren dies der später berüchtigte Hongi und ein anderer Häuptlingssohn. Die schönen, großen, aufrechten Männer mit ihren phantastisch tätowierten Gesichtern erweckten natürlich in London die Aufmerksamkeit der Bevölkerung, nicht zum wenigsten der Damen. Um die Maoris sich möglichst geneigt zu machen, wurde Hongi in einer etwas überschwenglichen Weise gefeiert, ja, man kann sagen, verhätschelt. Wohin er kam, wurde er reich beschenkt. Von König Georg IV., dem er vorgestellt wurde, erhielt er sogar eine Rüstung, die für diesen außerordentlich kriegsliebenden Mann später von größter Wichtigkeit sein sollte. Möglichst viel suchte der kluge Maori in England zu lernen. Besonders interessierte ihn das Militär. Ganz unumwunden erklärte er dem König Georg, er möge ihm eine größere Menge Gewehre und Munition geben. Als ihm das verweigert wurde, war Hongi höchlichst erstaunt und mißgestimmt. Er kehrte bald darauf in seine Heimat zurück und erfuhr bereits in Sydney, daß sein Stamm im Kriege mit den Nachbarn lag. Sofort verkaufte der fromme Bibelübersetzer alle seine wertvollen Geschenke, die er in England erhalten hatte, außer seiner Rüstung und erstand für den Erlös 300 Gewehre, Pulver und Blei. So ausgerüstet landete Hongi auf Neuseeland.

In Europa hatte er sehr viel von den Eroberungszügen Napoleons I. gehört, daß dieser versucht hatte, ganz Europa zu unterjochen, alle Macht über diese Länder in seiner Hand zu vereinigen. Ihm wollte es Hongi in seiner Heimat gleichtun, dazu hatte er die Gewehre gekauft. Nach europäischem Muster exerzierte er 3000 Maoris ein, von denen 300 mit Gewehren bewaffnet wurden. Mit einem solchen Heere war er natürlich jedem farbigen Gegner überlegen. Seine Feinde besaßen mit wenigen Ausnahmen nur Speere und Keulen, und so war es selbstverständlich, daß Hongi aus allen Kämpfen als Sieger hervorging. Tausende seiner Feinde wurden erschossen oder zu Sklaven gemacht, unzählige gefressen. Mordend und brennend durchzog er das Land, ließ menschenleere Wüsten hinter sich zurück. So in ihrer Existenz auf das höchste bedroht, waren alle Maoris natürlich bestrebt, sich in den Besitz von Feuerwaffen zu setzen, arbeiteten und handelten lediglich, um dieses Ziel zu erreichen.

Merkwürdig war das Doppelleben, das dieser Hongi führte. Auf der einen Seite wildester Kannibale, der das Blut seiner Feinde trank, auf der anderen Seite Freund der Missionare, denen er nie etwas zu Leide tat. Sieben Jahre lang dauerten die furchtbaren Bruderkämpfe, die ungemein zur Verminderung des Maorivolkes beitrugen.

Allmählich änderte Hongi sein Verhalten auch den Missionaren gegenüber. Er fühlte sich als König der Maori, und da er in England gesehen hatte, wie Beamte und Missionare sich dem Willen des Königs beugten, so verlangte er auch in seinem Lande von ihnen Gehorsam. Sie weigerten sich. Als Antwort brannte er 1827 die wesleyanische Mission in Wingaroa nieder. Dann stürzte er sich auf seinen gefährlichsten Gegner, den Häuptling Tara. Aus Angst vor Hongi hatte sein Volk alles geopfert, um Feuerwaffen kaufen zu können. Heldenmütig leisteten sie Hongis Scharen Widerstand, aber sie unterlagen. Empört und aufgebracht über die schweren Verluste, ließ der Sieger Männer, Weiber und Kinder abschlachten, setzte den wenigen Überlebenden nach. Um schneller vorwärts zu kommen, hatte Hongi die Rüstung, die er sonst in allen Schlachten trug, nicht angelegt. Das sollte für ihn verhängnisvoll werden. Bei Erstürmung des Pahs Hunahuna erhielt Hongi einen Schuß durch die Brust, wurde schwer verwundet vom Kampfplatz getragen. Doch er spottete dieser Wunde und unterhielt sich damit, wenn die Luft pfeifend bei jedem Atemzuge aus dem Schußloch in der Brust entströmte. 13 Monate kämpfte dieser starke Mann zwischen Leben und Tod. Dann erlag er. Vorher verteilte er die Pulver- und Waffenvorräte unter seine Freunde und Kinder und starb mit den Worten: „Kia toa, Kia toa!" „Seid tapfer, seid tapfer!"

Trat mit dem Tode Hongis eine Besserung in den brudermörderischen Stammeskämpfen ein, so erloschen sie doch erst um das Jahr 1848 mit dem Tode des Häuptlings Te Ranparaha.

Nun begann für die Insel eine neue Zeit. Der Kannibalismus war überwunden, das Christentum schlug tiefere Wurzeln. Jetzt, wo Friede herrschte, wurden Schulen gegründet, fleißig gelernt. Namentlich waren es biblische Geschichte und Geographie, für die die Eingeborenen Interesse zeigten. Ackerbau, Viehzucht und nützliche Gewerbe wurden getrieben. Merkwürdigerweise verhielt sich alle die Jahre über die englische Regierung den kolonisatorischen Bestrebungen gegenüber immer noch ablehnend. Die Deputiertenkammer sagte, England habe Kolonien genug und brauche keine weiteren. — (Wie hat sich doch die Ansicht seitdem geändert!) — Allerdings hatte zu dieser Stellungnahme wohl nicht zum wenigsten der Mißerfolg beigetragen, den die unter Lord Durham gegründete New Zealand Company zu verzeichnen hatte. Durch sie waren eine größere Anzahl Kolonisten herausgelockt worden, hatten Land erworben. Sie waren von den Neuseeländern aber so schlecht aufgenommen worden, daß sie schleunigst die Inseln verließen und nach England bzw. Australien zurückkehrten. Man kann annehmen, daß das feindliche Verhalten der Maoris diesen Ankömmlingen gegenüber geschürt wurde durch die in den Pahs sitzenden weißen Händler und Schnapsbudenbesitzer. Ihnen waren die Missionare schon lästig genug; sie wollten nicht noch mehr Beobachter ihres Treibens und Konkurrenten im Lande haben.

In jene Übergangszeit fällt auch das lächerliche Unternehmen des französischen Abenteurers Charles Baron von Thierry. Für 30 Äxte hatte er 40 000 Acker Landes von den Eingeborenen gekauft, war stolz mit ungefähr 100 Mann gelandet und hatte sich zum König von Neuseeland proklamiert. Das Unternehmen mißlang aber vollkommen. Verlacht und verspottet von den Weißen wie von den Maoris, zog er sich grollend in die Einsamkeit zurück.

Da noch immer die englische Regierung nicht Miene machte, die wertvollen Inseln, deren Ausfuhr bereits im Jahre 1835 über 100 000 englische Pfund betrug, in Besitz zu nehmen, schickten die Franzosen Schiffe mit vielen Kolonisten heraus, um Neuseeland zu annektieren. Offenbar aber hatten die Engländer hiervon Wind bekommen, denn im Jahre 1839 erließen sie in Sydney eine Proklamation, durch welche Neuseeland in die Grenzen von Neusüdwales einbezogen und der erste Konsul für Neuseeland ernannt wurde. Mit Hilfe der Missionare gelang es, die Maoris sich freundlich zu stimmen, und es wurde am 6. Februar 1840 der Vertrag von Waitangi geschlossen, durch welchen die Maorihäuptlinge die Oberhoheit ihres Landes rückhaltlos an die Königin von England abtraten. Hierfür sicherte Großbritannien den Maoris alle Rechte und Privilegien britischer Untertanen zu, garantierte ihnen ihre Land- und Besitzrechte, behielt sich nur das Vorkaufsrecht für alles Land vor, welches von den Eingeborenen verkauft werden sollte. Ein merkwürdiger Zufall wollte es, daß dieser Vertrag gerade in Waitangi geschlossen wurde. Waitangi bedeutet „Weinendes Wasser", und gerade hier mußten die Maoris ihre Freiheit für alle Zeiten verschenken. Alle Proteste der französischen Missionare gegen diesen Vertrag waren vergeblich, da bis auf einen einzigen sämtliche Maorihäuptlinge, 512 an der Zahl, ihre Unterschrift unter das Abkommen gesetzt hatten.

Als kurz darauf eine französische Expedition, begleitet von dem Kriegsschiff „L'Aube", mit vielen Auswanderern in Neuseeland landete, fanden sie bereits die Inseln unter englischem Besitz. Allerdings war in der zur Besiedlung vorgesehenen Bucht die englische Flagge noch nicht gehißt. Der französische Admiral hatte aber leichtsinnigerweise dem englischen Konsul Hobsen in Auckland im gastlichen Verkehr seine genaue Absicht mitgeteilt. Hobsen war klug genug, sofort eine englische Brigg nach dem gefährdeten Hafen zu entsenden, und als nach einigen Tagen die Franzosen dort erschienen, wehte ihnen vom hohen Flaggenstock die englische Flagge entgegen. Die meisten der Ankömmlinge, auf das äußerste enttäuscht, kehrten gleich um. Nur wenige siedelten sich bei der Bankhalbinsel an. Es ist übrigens nicht das einzige Mal, daß die Engländer den Franzosen auf diese Weise ein Schnippchen geschlagen haben. Fast genau dasselbe ereignete sich auf der am Ausgange des Roten Meeres gelegenen trostlosen Insel Perim. Dieses vegetationslose, aber strategisch außerordentlich wichtige Eiland war herrenlos. Eines Tages erschien in Aden ein französisches Geschwader. Die Engländer wußten sich nicht zu erklären, was dasselbe dort eigentlich wollte. Nun hatte der englische Gouverneur eine sehr schöne, kluge Frau. Als er beobachtete, daß der französische Kommandant sich besonders gern mit ihr unterhielt, gab er seiner Frau den Auftrag, herauszubekommen, was die Franzosen beabsichtigten. Durch Klugheit und Koketterie gelang es ihr tatsächlich, dem französischen Kommandanten das Geheimnis zu entlocken. Sie raunte es noch während der Gesellschaft ihrem Manne zu, der sofort ein bereits unter Dampf liegendes Kriegsschiff nach Perim entsandte. Ahnungslos blieben die französischen Offiziere in angeregter Unterhaltung und Tanz bis spät in die Nacht bei ihren freundlichen Gastgebern. Ihre Abreise verzögerte sich am nächsten Tage um einige Stunden. Liebenswürdig gaben die Engländer ihnen noch das Geleite, und als die Franzosen in Perim anlangten, wehte dort, soeben aufgezogen, „die großbritannische Flagge".

# Die westliche Kultur als Helferin im Bruderkrieg

Es ist ein merkwürdiger Zwiespalt im Charakter des Hongi, des Nationalhelden der Neuseeländer. Auf der einen Seite die christliche Frömmigkeit, auf der anderen seine blutige Kriegführung, der Kannibalismus. Gerade die Maoris sind als wildeste Kannibalen verschrien, mehr als die Kanaken von Neuguinea, die sich in dieser Hinsicht ja auch allerhand leisten.

Es wird behauptet, daß sie auf den Geschmack der Menschenfresserei erst kamen, nachdem die Riesenstrauße, die Moas, von ihnen ausgerottet waren und dadurch Fleischmangel eintrat. Das, glaube ich aber, ist nicht der Grund, denn inzwischen war ja Cook und andere Reisende nach Neuseeland gekommen, hatten Tiere — namentlich Schweine — ausgesetzt, die sich in der Zwischenzeit erstaunlich vermehrt hatten. Ich stehe auf dem Standpunkt, daß die Maoris schon längst Kannibalen waren, daß sie vielleicht diese für uns modernen Menschen unverständliche „Sitte" bereits aus ihrer Heimat mitgebracht haben.

Zweifellos ist aber bei den Maoris, namentlich zur Zeit des Hongi, eine Steigerung eingetreten, wie wir sie sonst bei anderen Völkern selten finden. Es ist offenbar infolge der außerordentlich verlustreichen Kämpfe, des wilden Ringens dieser unerschrockenen, tapferen Männer, ein Blutrausch über das Volk gekommen, der tatsächlich in wildesten Orgien seinen Ausfluß fand. Daß Fleischmangel zum Kannibalismus geführt hat, dürfte selten vorgekommen sein.

Einige Fälle sind allerdings bekannt: Als bei der Belagerung von Nantes durch die Normannen im Mittelalter in der Stadt Nahrungsmangel eintrat, wurden die Armen und Krüppel, die sich nichts mehr kaufen konnten, aus der Festung getrieben. Die Belagerer ließen die Unglücklichen nicht durch, gaben ihnen auch nichts zu essen. Und so mußten diese Ausgesperrten zwischen der Festung und den Schanzengräben der Feinde liegen, hatten nichts zu essen, fraßen sich gegenseitig auf. Andere Fälle sind aus China berichtet, wo bei einer furchtbaren Hungersnot anfangs nur die Leichen gegessen, später aber Menschen geschlachtet wurden.

Gehen wir der Geschichte des Kannibalismus nach, so finden wir, daß weitaus die meisten Völker der älteren Zeit, auch die europäischen,

Kannibalen waren. Bereits bei den Steinzeitmenschen war das der Fall, und die lebten doch wahrlich zu einer Zeit, als es Tiere im Überfluß gab, ja als der Mensch sich zweifellos gegenüber den gewaltigen Vertretern der Tierwelt recht klein vorkam. Wie spärlich war damals die Erde mit Menschen besiedelt, als Mammut, Höhlenbär, Sicheltiger, Höhlenlöwe Europa bevölkerten. Und doch verzehrten in jenen Kindheitstagen der Menschheit die Sieger die Besiegten.

In den Höhlen im Karst sind haufenweise Menschenknochen gefunden worden, die sämtlich aufgeschlagen waren, um das Knochenmark herauszusaugen. Es war in jenen Zeiten erster Völkerwanderungen, als die Langschädel aus dem Südosten allmählich die Herrschaft über die ihnen zweifellos an Geist unterlegenen Neandertaler und ähnliche Urmenschen errangen.

Soweit wir die Geschichte zurückverfolgen können, beruht die Menschenfresserei auf Aberglauben. Man glaubte, durch Verzehren des Fleisches eines Menschen alle guten Eigenschaften des Gestorbenen oder Getöteten in sich aufzunehmen. Wir dürfen nicht vergessen, daß z. B. bei den alten Ägyptern die trauernden Kinder die Leichen der Eltern verspeisten. Ein typisches Beispiel für diese Ansicht fanden die Spanier bei den Azteken. Obgleich in dem reichen Mexiko wahrlich kein Fleischmangel herrschte, kam doch täglich auf die Tafel des mexikanischen Königs Fleisch von Jünglingen und jungen Mädchen, um dem König die Jugendkraft zu erhalten.

Die südamerikanischen Indianer, die gleichfalls dem Kannibalismus huldigten, pflegten wie die meisten wilden Völker erschlagene und auch gefangene Feinde zu fressen. Hatten sie aber einen Häuptling oder besonderen Kriegshelden gefangen, so wurden diesem bei lebendigem Leibe die Fleischstücke heruntergeschnitten, bis er allmählich verblutet war. Jedermann drängte sich darum, Fleisch von diesem Helden, der alle Martern ohne Schmerzensäußerung überstand, zu verzehren. Ja, war er so tapfer in den Tod gegangen, so wurden seine Knochen aufbewahrt, ihm geradezu göttliche Ehren erwiesen.

Wir benutzen heute noch oft das Wort: Ich hab' dich zum Fressen lieb! Wir sagen es ohne Überlegung des tieferen Sinnes, der darin liegt. Letzten Endes soll damit doch nichts anderes angedeutet werden, als daß man gewissermaßen den anderen in sich aufnehmen möchte als höchsten Beweis der Liebe.

Neben dem — ich möchte sagen historischen — Kannibalismus finden wir aber zweifellos bei den Maoris eine, wie ich schon andeutete, aus Blutrausch, Grausamkeit und Roheit entstandene Menschenfresserei. Ist es doch noch in der Mitte des vorigen Jahrhunderts vorgekommen, daß z. B. ein Häuptling, als er einen unerwartet kommenden Gast zu bewirten hatte, eine Frau aus dem Dorfe mit ihrem kleinen Mädchen heranrief und ihr befahl, eine größere und eine kleinere Grube, wie sie zum Braten hergerichtet wurden, auszuschaufeln. Zuerst erschlug der Häuptling das Kind; dann mußte die wehklagende Mutter sich in die zweite, größere Grube hocken, wo auch ihr durch wuchtigen Keulenhieb der Schädel zertrümmert wurde. Das sind Akte der Brutalität, wie wir sie bei einem so geistig hochstehenden Volke nicht hätten erwarten dürfen, die eben durch eine Art Sadismus erzeugt waren. Gegenstücke finden wir in der Geschichte der letzten Jahrhunderte nur bei den zentralafrikanischen Negern, die ja bekannt roh und grausam sind, aber allerdings auf einer geistig recht tiefen Stufe stehen.

Die ewigen Kämpfe untereinander, die wir bei allen Südseevölkern, namentlich bei den Maoris, finden, haben ohne Frage zu diesen Roheiten geführt. Niemals war eine Gemeinde vor dem Nachbarn sicher, mußte ständig auf der Hut sein.

Aus diesem Grunde legten die Maoris ihre Dörfer auf schwer zugänglichen Bergen oder an Abhängen an und umgaben sie mit mehreren Reihen zugespitzter Palisaden, die ungemein geschickt angeordnet waren. Zwischen ihnen zogen sich tiefe, steile Gräben, ähnlich unseren Schützengräben, hin. Sobald Gefahr drohte, ertönte weithin die Kriegstrommel — „Pahu" genannt, ein 4 m langes, klingendes Brett —, um auf alle Fälle die befreundeten Stämme zur Hilfe herbeizurufen oder wenigstens den Gegner auf die ihm auch von dieser Seite drohende Gefahr aufmerksam zu machen, ihn abzuschrecken. In diese Befestigungen, die „Pah", flüchteten die umwohnenden, zum Stamme gehörenden Maori, brachten mit sich Feuerholz und Nahrungsmittel. Eng beieinander saßen sie dann in den engen Forts, während die Feinde draußen durch Drohungen die Belagerten einzuschüchtern versuchten, ihre Felder vernichteten, die Fruchtbäume aber auffallenderweise unbeschädigt stehenließen. Ein Gegenstück zu den alten Griechen, die auch im Kriege den Ölbaum schonten.

Furcht kannten die Maori nicht, sie waren aber vorsichtig. Besonders die großen Häuptlinge waren immer auf der Hut, namentlich wenn sie ihrer Tapferkeit wegen berühmt waren. So schlief keiner von ihnen öfter als zwei- bis dreimal an demselben Platz, denn immer bestand die Gefahr, daß ein besonders ehrgeiziger Feind versuchen würde, sich einzuschleichen, ihn im Schlaf zu überfallen, umzubringen und zu verspeisen, um die Herrscher- und Heldentugenden, Mut und Kraft auf diese billige Weise zu erben. Diese Vorsicht veranlaßte auch die Häuptlinge und Priester, dafür Sorge zu tragen, daß ihre Leichen an Stellen beigesetzt wurden, die niemand außer wenigen Vertrauten kannte, und an die sehr schwer zu gelangen war. Eine Vorsicht, die wir übrigens auch bei den nahe verwandten Hawaiiern finden. —

Neben dem gelegentlichen Fleischhunger gaben namentlich Frauenraub Veranlassung zu Kriegen, auch Rache wegen Verwundung oder Tötung eines Dorfangehörigen. Letzten Endes spielte aber der Kannibalismus immer eine nicht unbedeutende Rolle.

Niemals wurde der Krieg einfach erklärt und losgeschlagen; immer gingen demselben lange Verhandlungen, unendliche Redeschlachten voraus. Das Reden ist ja bei allen Polynesiern sehr gepflegt; sie reden nicht nur sehr gern, sondern großenteils auch ausgezeichnet. Jede Gemeinde hatte ihren besonderen Sprecher, der, wie in Samoa, eine Art Nebenhäuptling war. Beschimpften sich die alten Germanen vor dem Beginn der Kämpfe, um die Wut zu schüren, so streckten bei den Neuseeländern am Schluß der Wortkämpfe die Häuptlinge gegenseitig die Zungen aus. Das war die o f f e n e Kriegserklärung, wenn sie von beiden Parteien erfolgte. Daneben bestand noch eine g e h e i m e : Danach schickte der eine Häuptling, in ein Blatt eingewickelt, dem Gegner ein Stück Menschenkot; verschlang dieser es, so war der Fehdehandschuh damit aufgenommen!

Grellfarbig angemalt zogen die Maori in den Kampf, unter Führung des Häuptlings, der die Nephritkeule im Gürtel, außerdem noch eine Lanze trug, an deren schöngeschnitzter Spitze sich wieder eine ausgestreckte Zunge befand. Er war angetan mit dem Kaitaka, einer feinen Flachsmatte. Besaß er ein Gewehr, so führte er auch dieses neben seinen altgewohnten Waffen. Die gewöhnlichen Krieger waren ähnlich gekleidet, nur war ihre Bewaffnung, aus Speeren und allen möglichen

*Kunstvoll geschnitztes Haus*

Keulen bestehend, nicht so einheitlich. Schilde waren unbekannt. Weiber, Kinder und Sklaven folgten dem Zug, sie trugen Proviant und Hilfsgeräte; außerdem wäre es zu gefährlich gewesen, sie im Dorfe zu lassen. Sicher hätten andere Stämme das bald ausgekundschaftet und wären über die leichte Beute hergefallen.

Alle Männer wurden im Kampf nach Möglichkeit getötet oder zu Gefangenen gemacht, um bei späterer Gelegenheit verspeist zu werden, was mit den Gefallenen sofort geschah. Nie war ein Gefangener, selbst nach Jahren nicht, seines Lebens sicher. Plötzlich fiel es seinem Herrn ein, er erschlug und briet ihn. Frauen und Kinder ließ man im allgemeinen leben; sie wurden als Sklavinnen benutzt, mußten unter vielfachen Entbehrungen sehr schwer arbeiten. Während von vielen anderen Kannibalen Weiße nicht verzehrt wurden, vergriffen die Maoris sich auch an erschlagenen Europäern. Bezeichnenderweise aber nie an Händlern, mit denen sie verkehrten, sondern nur an Fremden, namentlich an Matrosen, wenn gelegentlich Schiffe anliefen und Leute sich ahnungslos im Wald zerstreut hatten: Die Maori waren immer gute Geschäftsleute, deshalb verzehrten sie nur Weiße, von denen sie keinen Vorteil hatten.

Dadurch, daß bei diesen Kriegszügen die Felder verlassen waren, die Frucht infolge der Feuchtigkeit vielfach verfaulte, gewöhnten sich die Maoris an großenteils verdorbene, stinkende Kost, vermochten Speisen zu essen, die allen anderen Menschen den größten Ekel einflößten.

Die ewigen Kriegszüge schwächten natürlich das Volk ungemein, dazu kam noch die Polygamie, so daß man sagen kann, daß dieses Volk sich bereits vor der Ankunft der Europäer auf dem absteigenden, aussterbenden Ast befand. Die Berührung mit den Weißen hat natürlich sein übriges getan, den Untergang zu beschleunigen. Die ersten „Kulturträger", die sich großenteils aus Verbrechern und Abenteurern rekrutierten, brachten ihnen nur Krankheiten, Alkohol und vor allem die Feuerwaffen. Das war so recht etwas für ein Kriegsvolk. Anfangs wollten die Maoris, denen selbst Pfeil und Bogen unbekannt waren, nichts von den Fernwaffen, mit deren Hilfe der Feigling, der Schwächling den echten Krieger leicht ohne eigene Gefahr umbringen konnte, wissen. Als ein Maoristamm zum erstenmal einen Kriegszug gegen Europäer unternahm, sandte der Häuptling einen Parlamentär mit Nahrungsmitteln und forderte den Feind auf, sich erst einmal ordentlich satt zu essen, damit die Weißen mit so starken Männern wie den Maoris kämpfen könnten. Die Antwort war eine Gewehrsalve. Eine solche Kampfesweise fanden die Eingeborenen aber feige und schickten deshalb abermals Boten mit der Aufforderung, die Führer der Weißen sollten sich mit blanker Waffe ihren Häuptlingen zum Kampfe stellen. Aber auch hiermit hatten sie nicht den gewünschten Erfolg. Später aber erkannten sie, daß im Kampf mit den Weißen weniger der ritterliche Mut, sondern der Besitz der Feuerrohre ausschlaggebend war, und jeder trachtete danach, sich und seinen Leuten diese Waffen zu beschaffen.

Die Kriegführung wurde nun mit einemmal eine ganz andere. An Stelle der persönlichen Tapferkeit trat das Gewehr. Ehe dieses eingeführt wurde, bildeten die Keule aus Nephrit oder Basalt, auch aus Walknochen, der Speer, geschleudert mit dem Wurfstrick oder Wurfbrett, die Waffen. Der Schild war unbekannt, mit der Keule wurden heranfliegende Speere pariert. Auch die Weiber und Kinder erschienen auf dem Kampfplatz, indem sie Nahrungsmittel und Ergänzungswaffen nachtrugen, den Getöteten die Köpfe abschnitten, die dann verspottet, auf Speere gesteckt und als Siegespreis heimgebracht wurden. Um dieser Schande zu entgehen, ließen sich verwundete Krieger vom eigenen Bruder töten und den Kopf abschneiden, den dieser in Sicherheit bringen mußte.

War der Feind geworfen, so wurde die Verfolgung mit aller Macht aufgenommen. Jetzt traten die Schnelläufer in Erscheinung. Mit dem Speer vorstürmend, suchten sie möglichst viele eingeholte Gegner niederzustoßen. Dabei übernahmen es hinterherkommende, weniger behende Krieger, die Verwundeten abzutun, auch die Weiber halfen hierbei mit. Im Eifer der Verfolgung kam es auch gelegentlich vor, daß man aus Versehen einen Landsmann oder gar Verwandten verwundete, doch wurde einem solchen Irrtum kein sonderliches Gewicht beigelegt.

Ob die Wurfschlinge bei den Maoris im eigentlichen Kampf eine Rolle gespielt hat, ist ungewiß. Sicher fand sie Verwendung beim Niederreißen der Palisaden, die ihrer Härte wegen — sie waren aus Kauriholz gefertigt — nicht schnell genug mit den primitiven Steinäxten niedergeschlagen werden konnten.

Wenn ein Stamm mit viel Kriegsgeschrei vor den Nachbarpah zog, war es durchaus nicht sicher, daß es zum Kampfe kam. Zuweilen endigten die langen Häuptlingsreden friedlich, mit gegenseitigem Gastbesuch.

Da aber eine Dorfgemeinde vorher nie wußte, wenn die Nachbarn in größerer Zahl nahten, ob es ein freundlicher oder feindlicher Besuch war, traten sie einander immer kriegsgerüstet gegenüber, und nur die offensichtliche Schlagfertigkeit und Kriegsvorbereitung veranlaßte oft die Ankömmlinge, von einem blutigen Raubzug abzustehen und sich so zu stellen, als habe man nur einen freundschaftlichen Besuch geplant. Und nun wurde gefeiert!

Festlichkeiten schätzten die Maoris ja immer sehr hoch. Jede sich bietende Gelegenheit wurde zu einer solchen ausgenutzt, namentlich nach erfolgreicher Jagd, gutem Fischfang, bei Beisetzungen, Stapellauf eines Kriegskanus, kurz — sie machten es genau wie die Weißen jetzt im zwanzigsten Jahrhundert. Bei diesen Anlässen wurden geradezu Berge von Speisen aufgetragen, und nicht eher ruhten die Gäste, bis sie die liebenswürdigen Gastgeber vollkommen leergefressen hatten (armfressen kann man bei einem Volke, das in Kommunismus lebte, und dem alles fast ohne Arbeit zuwächst, kaum sagen).

Die gleiche Sitte traf ich auf Samoa. Hier nannte man sie „Mala(n)ga", d. h. Reise. Eine solche Vetternfahrt dauerte oft monatelang; Haus und Hof überließ man währenddessen der Obhut einiger alter Leute, und Mann, Weib, Kind und Kegel, geführt von dem seinen Fliegenwedel schwingenden Häuptling, zogen aus. Kam man dann nach langer Abwesenheit ins eigene Dorf zurück, waren inzwischen die Früchte wieder nachgereift, der Taro gewachsen, die Hühner und Schweine ohne Wartung groß geworden — das Schlaraffenleben konnte von neuem beginnen. Die Maoris in Neuseeland hätten das nicht wagen können. Immer hätten sich raublustige Nachbarn gefunden, die das von Kriegern entblößte Dorf überfallen und ausgeplündert hätten.

Obgleich heute die Maoris vollkommen friedlich sind, an Aufbau und Gedeih des Landes mitarbeiten, im Parlament neben den Weißen sitzen, so ist die Erinnerung an ihre einstigen Heldentaten doch nicht erloschen. Voller Stolz halten sie die alten Überlieferungen an die Kämpfe ihrer Vorfahren hoch, schätzen nach wie vor Kampfesmut auch beim Feind. Als im Weltkrieg die Taten des Grafen Luckner die ganze Südsee in Atem hielten, da waren es die Maoris, die solches Heldentum würdigten. Ihm, dem Weißen, dem Feind ihres Adoptivvaterlandes, verliehen sie die höchste Häuptlingswürde mit allen alten Insignien: Hanfmantel und Nephritkeule.

# Mit der Mailcoach durch Wälder, Matten und Wüsteneien zu den Maoris

„Meine Herren, Sie fahren also morgen früh 10 Uhr mit dem ‚Neu-seeland-Expreß' nach Okoroire."

Mit diesen Worten händigte uns der Vertreter von Thos. Cook & Co. unsere Fahrkarten aus. Das klang ja sehr vertrauenerweckend. So klein die Insel war, hatte sie also doch sogar ihren „Expreßzug".

Als wir am anderen Morgen auf den Bahnhof kamen, erschien uns das Bähnchen aber durchaus nicht sonderlich imponierend. Und wir sollten uns nicht getäuscht haben, tatsächlich rollte das „Zügle" in recht gemütlicher Zottelfahrt durch die Landschaft. Zu sehen gab es unterwegs nicht allzuviel. Bemerkenswert waren die gewaltigen Schafherden, die in der Nähe der Bahn auf den großen, offenen Flächen weideten. Die Viehzucht steht in Neuseeland auf großer Höhe. Betrugen die Bestände an Schafen doch nach den letzten Zählungen 25 Millionen neben 3½ Millionen Rindern. Die Schafe gedeihen ausgezeichnet. Die Wolle ist dank des feuchten Seeklimas wie in Schottland hervorragend. Das Fleisch wird natürlich nur zum kleinsten Teil in Neuseeland selbst verbraucht; beträgt doch die Gesamtbevölkerung an Weißen nicht mehr als 1 400 000, zu denen 65 000 Maoris kommen. In Kühlhäusern wird das Frischfleisch allmählich abgekühlt, kommt in saubere weiße Säcke und wird aus den Eiskammern direkt in die mit Kühlmaschinen versehenen Schiffe verladen und nach England verschifft.

Da auf der Insel keine Raubtiere vorhanden sind, hätten die Schafe eigentlich keinen Feind, wenn nicht merkwürdigerweise eine Vogelart, noch dazu ein Papagei auf den Gedanken gekommen wäre, sich auf die Schafe zu stürzen, den unglücklichen Tieren den Leib aufzuhacken, die Nieren und Leber herauszuholen. Es ist der Kea, ein eigentlich im Hochgebirge lebender, olivgrüner Papagei, der dank seines außerordentlichen Flugvermögens weithin über das Land streicht, die Schafherden überfällt. Zweifellos sind die Vögel durch Zufall zu Fleischfressern geworden. Wie unsere Stare, wie die Madenhacker in Afrika sich gern auf Weidevieh setzen, um diesen das Ungeziefer abzulesen, haben dies ursprünglich wohl auch die Keas getan. Bei Gelegenheit hat dann der eine oder andere

*Nur mit dem Binsenschurz bekleidet tanzen die Männer den Haka (Kriegstanz)*

46

dieser Vögel mit seinem mächtigen, scharfen Schnabel tiefer gehackt, eine Wunde geschlagen, das Blut geleckt, und ist so zum Schafmörder geworden. Auch in der Tierwelt verderben böse Beispiele gute Sitten. Bald lernten alle Keas die Unart, und sie vererbte sich fort. Zum ersten Male geschah dieses Unglück im Jahre 1868, und nun verbreitete sich diese Angewohnheit wie eine Seuche über das Land. Die Hirten mußten bewaffnet werden, um die Papageien abzuschießen. Schließlich blieb nichts anderes übrig — wollte man dauernden Schutz für den Haupterwerbszweig der Neuseeländer haben — als eine systematische Vernichtung dieser Tiere. Diese Vögel sind ungemein dreist, sie scheuen nicht die Nähe des Menschen, kommen oft in die Zelte und zerreißen hier alles, dessen sie habhaft werden können. —

Bemerkenswert war unterwegs ein mit Schießscharten versehener Blockhausturm, ein Überbleibsel aus der Zeit der Maorikämpfe.

Nach vierstündiger Bahnfahrt erreichten wir Okoroire, von hier ging es im Wagen nach dem etwa ¾ Stunde entfernten Hot Springs-Hotel. Damit hatten wir den Anfang des heißen Quellengebietes erreicht, konnten nahe beim Hotel in einem als Schwimmbad gefaßten warmen Bach herrlich baden — ein wahrer Genuß in der kühlen Bergluft.

Schon auf der Fahrt hatten wir verschiedentlich Fasanen gesehen, hörten, daß in dieser Gegend die schönen Vögel in großer Zahl ausgesetzt sind, sich vorzüglich akklimatisiert haben.

Um dem Mangel an Jagdwild abzuhelfen, haben die Engländer alle möglichen Tierarten eingebürgert: Hirsche, Damwild, Rehe, Wapitihirsche, Elche und Gemsen; daneben Fasanen, Grousehühner u. a. m. Die Tiere sind an geeigneten Stellen auf der Nordinsel in Freiheit gesetzt, jahrelang geschont worden, haben sich bei der vorzüglichen Weide, beim Mangel jeglichen Raubwildes außerordentlich vermehrt, so daß heute der Jagdbetrieb für die Regierung eine glänzende Einnahmequelle darstellt.

Der Engländer betreibt aber bekanntlich mit Vorliebe auch den Fischsport. Auf See angelt er vom Motorboot aus die Riesenfische. Hier in den Flüssen hat er dem Mangel an Schuppentieren durch Aussetzen von kanadischen Lachsen und Forellen abgeholfen. Die Tiere finden in allen Gewässern offenbar reichlichste Nahrung, denn sie haben sich an manchen Stellen geradezu unheimlich vermehrt. In der Nähe der Hotels halten sie sich natürlich ganz besonders gern auf, wo man die Forellen in dem kristallklaren Wasser allenthalben auf dem grünlichweißen Grund sieht. — Nirgends, außer in den heiligen japanischen Tempelteichen, habe ich Fische so zahm gesehen wie hier. In der Nähe des Hot Springs-Hotels wurden sie gefüttert. Sobald der Wärter mit dem Korb gemahlenen Fleisches nahte, um es seinen Schützlingen zuzuwerfen, sprangen sie oft dutzendweise hoch aus dem Wasser, gleich apportierenden Hunden, um die Fleischbrocken noch in der Luft zu schnappen. An anderen Stellen, wo sich in der Hauptsache jüngere Fische aufhielten, waren Drahtnetze über den Fluß gespannt, auf denen Fleischstücke lagen, die allerdings einen wenig angenehmen Duft verbreiteten. In dieses Fleisch legen Schmeißfliegen ihre Eier. Die ewig herauskriechenden Maden fallen ins Wasser, geben ein hervorragendes Forellenfutter. Natürlich darf an solchen Stellen nicht geangelt werden; dazu ist der Engländer viel zu sehr Sportsmann.

Hatten wir in dem warmen Bach den ersten Gruß der vulkanischen Tätigkeit der Nordinsel empfangen, so mahnte uns die Landschaft auf der Weiterfahrt an die ständige Gefahr, die hier für Mensch und Tier besteht. Wenn auch im Augenblick die Vulkane ruhen, so lebt und kocht es doch im Erdinnern. Plötzlich kann eine Explosion erfolgen, unvorhergesehen, denn noch ist der menschliche Geist nicht so weit, der Allmutter Erde das Auskultierrohr an das Herz zu legen, zu lauschen ob sein Schlag lauter, drohender wird.

Aus lichtem, neusprossendem Grün ragen trostlos tote, silberig glänzende Stämme einstiger Wälder. Die fließende Lava, dichtfallende glühende Asche haben sie erstickt, entflammt. Ungeheure Werte kostbarsten Kauri- und Podocarpusholzes sind in wenigen Stunden, unzählige Kleintiere vernichtet worden. Ein memento mori auch für die sorglosen Vergnügungsreisenden, denn wer kann sagen, wann plötzlich sich dieser finstere Erdgeist wieder einmal regt?

Doch solche Sorgen drücken uns nicht. Im Orient hat man den Fatalismus kennengelernt, so vertrauen wir dem gütigen Geschick, daß es uns auch hier bewahrt.

Rotorua hatten wir erreicht, und damit die berühmte Wunderwelt von Neuseeland. Das Hotel selbst könnte ein Sanatorium ersten Ranges werden, wenn sich der Mann fände, die Schwefelheilquellen genügend auszunutzen. Aber die Möglichkeit hierzu ist außerordentlich erschwert, weil die heißen Quellen den Maoris gehören. Sie kennen den Wert derselben nur zu genau, wollen ihren Besitztitel immer nur auf einige Jahre verpachten. So hat natürlich der jeweilige Pächter kein sonderliches Interesse daran, hier ein kostspieliges Heilbad einzurichten, dessen Ertrag vermutlich dann ein anderer einheimsen würde. Trotz seiner primitiven Einrichtungen wird der Ort namentlich von Haut- und Rheumatismuskranken viel besucht.

Kaum eine Viertelstunde vom Hotel entfernt finden wir das erste Maoridorf — Whakarewarewa in der Nähe des Südufers des Sees. Leider stellt dieser Pah, wie das Maoridorf eigentlich zu bezeichnen ist, keine ursprüngliche Heimstätte der interessanten Eingeborenen von Neuseeland dar. Vielmehr sind die Häuser schon stark europäisiert. Wohl haben sie noch die alte, langgestreckte, rechteckige Gestalt mit dem Satteldach und nur einen dunklen Innenraum, aber an Stelle des Raupograses decken heute Holzschindeln oder gar Wellblechdächer die Häuser. Nur die kleine Vorhalle wie bei den alten Maorihäusern ist geblieben, geschützt durch etwa einen Meter hohe Querbretter gegen unliebsamen Besuch von Schweinen und Hühnern. Auch die kleine Tür und das einzige Fenster, das in der Vorderseite der echten Maorihütte angebracht ist, entspricht der alten Anordnung. Auf dem Giebel ragt noch zuweilen eine geschnitzte Figur oder ein Kopf, und in der Vorderhalle vertreten rote, schwarze und weiße Linien die Stelle der Schnitzereien, die wir von alten Maorihäusern kennen, und auf die dieses kunstliebende Volk von alters her sehr viel Wert legte. In der Nähe des Hotels findet sich auch noch ein wahrer Prachtbau maorischer Hausbaukunst, ein Versammlungshaus. Über und über ist es geschnitzt, und staunend bewundert man die feine, exakte Arbeit, die nicht mit Stahlmeißel und Hammer, sondern lediglich mit Muschelschalen und Obsidian aus dem harten Kauriholz gezaubert ist.

Wie die Hütten der Maori einen halb europäischen Anstrich erhalten haben, so verhält es sich auch mit der Kleidung dieses Volkes. Mehr oder weniger haben sie die Tracht der Weißen angenommen. Leider legt das hochbegabte Volk auf Reinlichkeit im Hause wenig Gewicht. Dabei baden die Maoris täglich mehrfach, was ja selbstverständlich ist bei einem Volke, dessen Häuser inmitten eines Bezirkes von warmen Quellen und Teichen liegen. Von frühester Jugend auf sind sie an diese warmen Bäder gewöhnt, geht doch die Maorimutter sofort nach der Geburt eines Kindes mit ihrem Sprößling in einen heißen Teich.

Gute Schwimmer und Taucher sind natürlich schon die kleinsten Knirpse. Staunend bewundert man die oft nur vier- bis sechsjährigen Kinder, wie sie von einer etwa 15 m hohen Brücke mit Kopfsprung in den flachen Puarengafluß hinunterspringen, um hereingeworfene Münzen herauszuholen. Es ist unglaublich, daß ihnen bei diesem Sprung nichts geschieht.

Für einen Europäer, der zum ersten Male dieses Maoridorf betritt, erscheint es fast unerklärlich, wie die Menschen auf die Dauer hier wohnen können. Ständig wehen in mehr oder weniger dichten, weißen Schwaden Schwefeldämpfe aus den unendlich vielen Erdspalten, entquellen größeren und kleineren Geysern der Umgegend. Man lebt im wahrsten Sinne des Wortes auf einem Vulkan. Alle Dämpfe, die dem Boden entsteigen, kommen entweder von heißen Quellen oder aus zweifellos tief in die Erde herabreichenden Rissen. Sonst wäre es nicht möglich, daß sich hier ein Tümpel kalten Wassers findet, während es, kaum einen Schritt davon entfernt, in einem runden Loche kocht und siedet. Man hat das Gefühl, als ob der Erdboden sich in einem ewigen leichten Vibrieren befände. Er ist so heiß, daß der Wanderer seine Glut durch die Stiefelsohlen spürt. Ein unheimliches Gefühl befällt den Fremden inmitten dieses ewigen Brodelns. Die Maori, seit vielen Generationen daran gewöhnt, kümmern sich natürlich nicht darum. Ihnen ist es vertraut.

Sorgfältig unterscheiden die Eingeborenen die einzelnen Teiche und Tümpel, jeder hat seinen Namen. Hier ist einer, der nur zum Baden benutzt wird, dort einer von kristallklarem Wasser, an dessen Rand in Reihen die Wasserkessel zur Bereitung des Tees stehen. Decken sind über verborgene Gegenstände gebreitet; lüftet man sie, so kommen darunter Kisten mit rostartigem Boden ans Tageslicht, in denen Töpfe mit Fleisch oder Kartoffeln stehen. Wir haben also das ideale Vorbild unserer modernen Kochkiste vor uns. Kein Feuer braucht die Maorifrau zum Kochen anzuzünden, und doch ist sie nicht zufrieden: Sie klagt darüber, daß man mit dem Dampf nicht auch backen könne. Einen Nachteil haben diese Kochdämpfe, denn die Speisen nehmen vielfach einen schwefeligen Geschmack an. Dieser stört die Maori aber nicht, wir haben ja gesehen, was sie alles essen.

Einer der Tümpel wird gemieden. Er führt der Namen „Schädeltopf", nach seiner merkwürdigen Form. In seinem siedenden Wasser soll ein

*Sorglos glücklich leben die Maorimädchen*

*Poi-Tanz der jungen Maorimädchen*

erboster Vater den Entführer seiner Tochter lebendig gekocht, ihm dann den Schädel zerschmettert, das Gehirn, die Augen des Übeltäters verzehrt und den Teich „tabu" erklärt haben. Übrigens ist noch eine andere Wasserstelle „tabu", in ihr ist eine Maorifrau ertrunken.

Vielartig führt hier die Natur uns ihre Wunder vor. Da ist ein Teich, in dem Schokolade zu brodeln scheint, an anderer Stelle dampft der Boden, dort spritzen plötzlich gewaltige, zischende Fontänen empor, hüllen die Umgebung in Dampf, aus dem, in Sonnenstrahlen glitzernd, in allen Regenbogenfarben schimmernd, ein mächtiger kochender Wasserstrahl hochgeblasen wird. Dann sinkt er wieder in sich zusammen. Nur ein rundes Erdloch, in dessen Tiefe es brodelt, zeigt die Stelle, aus dem soeben der „Schuß" hochgeschleudert wurde. Gleich einem hochgewulsteten Rand hat aus einem Erdloch überlaufendes Wasser allmählich einen prachtvoll schillernden Sinterring entstehen lassen: langsam baut die aus dem Wasser ausscheidende Kieselsäure sich hier immer weiter auf. Da wieder glitzert reine Schwefelblüte. Es ist ein Platz, auf dem atembenehmender Giftdampf sich niedergeschlagen hat, der einem Erdspalt entquillt. Alle möglichen treffenden Namen sind den Geysern beigegeben. Sie alle benehmen sich auch verschieden. Da, der Champagnergeyser brodelt in einem runden Kessel. Wirft man in ihm etwas Erdreich hinein, so schäumt er hoch auf, braust und faucht, während die kaum einen Fuß von ihm entfernte Quelle auf dieselbe Liebesgabe nicht im geringsten reagiert.

Im Te Horo mit seinem brodelnden Wasser füllt sich das große Bassin allmählich unter starker Dampfentwicklung. Ist der höchste Stand fast erreicht, beginnen sich unzählig sprudelnde Blasen zu bilden, blähen sich auf, platzen, und dann springen Tausende von kleinen Fontänen hoch, die bis sechs Meter emporgeschleudert werden. Plötzlich ist das Spiel zu Ende und da knallt es schon von lauter Detonationen aus einem Loch in der Nachbarschaft. Wie dicker schwarzer Brei kocht es in einem Schlammgeyser. Bis dahin kreisten langsam die zähen Massen des Tümpels, nun schießt mitten aus ihm ein Springbrunnen empor. Da faucht es aus einem Erdloch, schwere Schwefeldämpfe lassen uns, zur Freude der begleitenden Maori, im Hustenanfall schütteln, so daß wir zu einem andern ruhig daliegenden Teich laufen. Aber der Fuß bricht durch das Erdreich, wir haben nicht auf den Weg geachtet, wer das versäumt, steckt gar bald im schwefligen heißen Schlamm.

Im herrlichen Azurblau strahlt hier ein Wasser, dort smaragdgrün, während ein anderes opalesziert. Wohin das Auge blickt, immer bietet sich ihm etwas Neues. Wir sind wahrlich in einer Wunderwelt. Und inmitten dieses unheimlichen Zaubergartens wohnen die Maori.

## Im Frieden daheim

Wer die Maoriabgeordneten im Parlament beobachtet, eingeborene Ärzte und Rechtsanwälte in den Städten gesprochen hat, ist erstaunt, wenn er die Eingeborenen in ihren Dörfern besucht, besonders wenn diese in der Nähe der großen Touristenstraßen liegen. Hier findet er „echte Maori". Sie haben sich im Gegensatz zu den kultivierten „zurück-entwickelt", wenigstens äußerlich, besonders dann, wenn fremde Reisende kommen. Das hat in gewisser Hinsicht etwas Gutes, denn dadurch wer-den alte Sitten und Gebräuche, die alten Tänze und Gesänge weiter-gepflegt, gehen nicht zugrunde unter der alles einebnenden „Kultur". Im übrigen fühlen die Maoris sich in ihren Dörfern recht wohl. Sie, die an sich recht faul sind, brauchen nicht oder nur wenig zu arbeiten; mit etwas Singen und Tanzen, geringer Feldarbeit vergeht ihnen die Zeit. Die vielen Fremden zahlen gut für das ihnen Gebotene, und da die Maori für das entlohnt werden, was ihnen an sich schon Spaß macht, so sind sie zum Tanzen immer gern bereit. Besonders beliebt ist der hauptsäch-lich von den Frauen geübte graziöse Poi-Tanz. Der „Poi" ist ein Bündel-chen Riedgras von Eigröße, oder ein Ball vom Raupokolben, der an einem Faden befestigt ist, ähnlich dem Jo-jo. Er wird im Takt der Tanzmusik je nachdem mit der Hand geschlagen oder geschwungen unter gleich-mäßigem rhythmischen Wiegen des Körpers. Die Frauen tragen heute, wo sie mehr oder weniger kultiviert sind, hübsche, gefällige Kostüme aus Hanf, ein feingemustertes Stirnband und die übliche schwarzweiße Feder im Haar. Diese Kleidung stellt in Wirklichkeit eine Maskerade dar. Sie ist alten Maorimotiven angepaßt, früher tanzten die Frauen mit nacktem Oberkörper im Schurz.

Neben dem Poi ist der alte Haka-Tanz aber nicht in Vergessenheit geraten; es ist der eigentliche Kriegstanz. Noch heute entblößen die Männer den Oberkörper; ein bis zu den Knien reichender Binsenschurz gürtet die Hüfte. Auch die Frauen tragen beim Haka dieses Kleidungsstück über ihrer meist schmutzigen europäischen Kleidung, was allerdings nicht gerade schön wirkt. Während der Vortänzer einige Worte singt oder besser gesagt — schreit, fällt der Chor ein. Die Arme, mit denen Beine und Hüften geschlagen werden, legen sich übereinander, werden ruckweise nach allen Richtungen geschleudert. Schließlich kommt unter ständigem Stampfen der Füße der ganze Körper in eine wiegende, sich neigende Schwingung. Die Leiber zucken, immer heftiger wird die Bewegung — ein Vor- und Zurückgehen. Man hat durchaus das Empfinden des Liebesspiels und der Liebeslockung. Die Gesichter bekommen einen leidenschaftlichen Ausdruck, die Muskeln beben, die Augen werden verdreht, die Zunge weit herausgestreckt, der Liebestanz geht in einen Kriegstanz über. Immer lauter tönt der Gesang, wird zur Brüllerei. Schneller und schneller folgen die Schreie, die Worte, die Bewegungen, das Zucken der Körper. Eine Ekstase scheint den ganzen Chor zu befallen, bis der Tanz ganz plötzlich abbricht.

Daneben kennen die Maori noch reine Kriegstänze. Diese werden nur von Männern ausgeführt. Dabei gebärden sie sich wie Rasende, verzerren die Gesichter zu unglaublich wilden Fratzen und strecken die Zunge weit heraus, um dem Gegner die vollste Verachtung zu zeigen. Schon von frühester Jugend auf werden alle Tänze geübt. Während die Männer wie wild umherspringen, üben die Kinder sich außerhalb des Tanzplatzes in grotesken Reigen. Man bekommt bei ihrem Anblick den Eindruck vollkommenster Urwüchsigkeit, hier hat die Kultur erfreulicherweise ihren Einfluß noch nicht geltend gemacht. Die Maori halten am Alten fest, während wir Weißen Negertänze übernommen haben. Die Kriegstänze stammen aus alter Zeit, und man kann wohl verstehen, daß die ersten Kolonisten, die vor etwa hundert Jahren sich auf den Inseln niederließen, vor sich derartig wild gebärdenden Eingeborenen von Schrecken ergriffen wurden, ihr Bündel packten, das unheimliche Land der Menschenfresser wieder verließen.

Diese alten Tänze und die während derselben gesungenen Lieder, ebenso die alten Heldengesänge, die gar oft angestimmt werden, bilden wohl für alle Zeit das Bindeglied zwischen Vergangenheit und Gegenwart.

Wir Europäer wissen ja auch zu schätzen, was es bedeutet, alte Volksbräuche zu erhalten. Heute trägt bei uns jeder Bauer wieder seine Heimatstracht mit Stolz. Das war nicht immer so. In den 70er und 80er Jahren des vorigen Jahrhunderts hatte die städtische Kleidung schon allenthalben, auch bei Festlichkeiten, Einzug selbst in die entferntesten Bergdörfer gehalten. Da rafften sich Heimatschutzvereine auf, um alte Bräuche zu retten, ehe es zu spät war. Und man kramte die halb vergessenen Trachten wieder aus den Truhen hervor, machte der ländlichen Bevölkerung klar, wie schön ihre alten Überlieferungen, ihre alten Tänze waren, und so wurden diese im letzten Augenblick noch erhalten.

Kämen jetzt nicht so viele fremde Reisende nach Neuseeland, würden auch heute die Maori allenthalben in städtischer bzw. europäischer Tracht herumlaufen, sie würden zu „Hosennegern" herabgewürdigt. So markieren sie wenigstens den Touristen gegenüber die „Wilden". Aber Wilde waren die Maori in Wirklichkeit nie. Sie besaßen schon in ältester Zeit streng umrissene Gesetze, entsprechend ihren Lebensbedingungen, ganz anders als die Eingeborenen von Australien und manche afrikanischen Völker, namentlich als die nomadisierenden Jäger.

Während bei den meisten polynesischen Völkern die Verfassung im allgemeinen eine feudale war, es Könige und verschiedene Kasten gab, finden wir ursprünglich bei den Maoris eine fast kommunistische. (Der erste König der Maoris wurde erst Mitte des 19. Jahrhunderts gewählt.)

Jeder Stamm oder jede Dorfgemeinde stand unter einem Häuptling oder Priester, während der Grund und Boden, sowie die Erträge des Landes Gemeingut waren. Über alle herrschte der Häuptling, der als Zeichen seiner Würde einen, meist mit einem geschnitzten Menschenkopf gezierten Stab trug. In diesen Stab schnitt der Häuptling bei Übernahme der Würde eine Kerbe, so daß man heute aus der Anzahl derselben auf das Alter der einzelnen Geschlechter schließen kann.

Der frühere allgemeine Kommunismus, wie wir ihn bis in die neueste Zeit auch auf Samoa, noch unter deutscher Herrschaft, fanden, ist längst geschwunden. Nur in manchen Dorfgemeinden herrscht noch die Sitte, gemeinsam ein Stück Land mit Süßkartoffeln zu bestellen. Auf irgendeinem hierzu geeigneten Berge besitzt das Dorf ein Stück Fruchtland, und hier arbeiten im Frühjahr umschichtig genau nach Befehl des Häuptlings die verschiedenen Familien. Dasselbe wiederholt sich zur Erntezeit. Die reifen Kartoffeln werden in tiefen, mit Farnkraut austapezierten

*Heimkehrende Schafherde*

*Riesenstämme werden aus dem Urwald geschleppt*

Kellern gelagert, und aus diesen holt sich jede Familie was sie braucht bzw. was ihr entsprechend der geleisteten Arbeit zusteht. Eifersüchtig wachen die anderen darüber, daß keiner zuviel nimmt.

Der Oberhäuptling sorgte auch für die Instandsetzung des Pahs, er berief Versammlungen und Feste, bestimmte, wann gejagt und gefischt werden sollte. Er unterrichtete im Waffenhandwerk, Bootsbau und in der Kunst. Uneingeschränkte Macht stand ihm zu; sein Wort war Gesetz. Die Unterhäuptlinge standen ihm zur Seite. Mißbrauch der Macht von seiten des Oberhäuptlings, der zugleich auch Oberpriester war, kam nie vor.

Was der einzelne Maori auf der Jagd oder beim Fischfang erbeutete, war sein Eigentum, allerdings beanspruchte gelegentlich der Häuptling oder Priester diesen oder jenen Anteil an der Beute. Ohne Widerspruch wurde etwas abgegeben, natürlich in der stillen Hoffnung, bei Gelegenheit ein Gegengeschenk zu erhalten.

Alle schwere Arbeit wurde von den Sklaven besorgt. Es waren Kriegsgefangene, die der großen Siegesschlachtung entgangen waren. Doch ihres Lebens waren sie nie sicher, denn gelegentlich des Todes irgendeines Großen oder bei einem Festschmaus, oft auch wenn unerwartet ein Gast kam, wurden Sklaven erschlagen und verspeist. Gemartert wurden diese Unglücklichen aber nicht.

Interessant ist, daß die Häuptlinge schon frühzeitig, bald nach der ersten Berührung mit den Europäern, die Gefährlichkeit des Alkohols erkannten und ihn in ihren Dörfern verboten. Beschämend für die Europäer, die früher den Alkohol aus Gewinnsucht verbreiteten, ist es, daß die Häuptlinge von jedem im Dorfe als Händler ansässigen Europäer 1 Pfund Sterling Sühne verlangten und auch erhielten, wenn ein Maori sich betrunken hatte. Sie wollten also das Übel an der Wurzel fassen. Leider drangen die Eingeborenen mit dieser Vorsichtsmaßregel auf die Dauer nicht durch, da sie keinerlei Unterstützung von seiten der englischen Beamten fanden. Statt die Eingeborenen vor dem Gift zu schützen, wurde es importiert, da es ja ein guter Handelsartikel war. Wir erleben hier dasselbe Drama wie in China. Seit über einem Jahrhundert ist in China der Anbau von Opium verboten. Die Engländer führen aber, weil es für sie eine enorme Geldquelle darstellt, das Opium, das in ihren englischen Kolonien erzeugt wird, in China ein, untergraben damit die Gesundheit eines ganzen Volkes. Ja, als China in der Mitte des vorigen Jahrhunderts die Opiumeinfuhr sperren wollte, kam es zum Kriege. Die Engländer zwangen das schwache Land, weiter dieses Gift zu importieren!

Wenn wir die Religion der alten Maoris näher betrachten, so wird uns leicht klar, wieso das Christentum bei ihnen so schnell Eingang fand. Ihr Glaube war von dem unsrigen in manchen Punkten gar nicht sehr verschieden, kannten sie doch ein höheres Wesen, das sie P o nannten. Diese Gottheit saß auf einem hohen Stein, sah alles, was auf der Erde vorging. Po war ewig, war nie geboren, hatte weder Weib noch Kinder. Er hieß „das höchste Eins", „das Ewige", „der Große", „der Mächtige". Wir sagen „der Allmächtige"! Po galt als Weltschöpfer. Er formte aus Erde ein weibliches Wesen, gab ihm seinen Geist und Seele. Im obersten der zwölf Himmel wohnte er, bedient von einigen hohen Geistern. Die Maori glaubten auch an ein Fortleben nach dem Tode in einer Unterwelt, wohin die Seelen der Abgeschiedenen geführt wurden. Dieses wurde Rainga genannt und lag angeblich nördlich der Nordinsel. (Merkwürdigerweise befindet sich gerade hier eine der größten Meerestiefen von über 8000 m.) Über einen Felssturz sprangen die Seelen ins Meer und wurden in der Tiefe — je nach dem Leben, das sie auf Erden geführt hatten — in die unterste Abteilung gebracht, wo die Bösewichter verhungern und verwelken mußten, oder in die oberste, unserm Himmel entsprechende. Die meisten mußten aber wohl anfangs in der mittleren Abteilung Unterkunft suchen, in der es finster war, wo die Seelen aber Speise und Trank erhielten, durch Arbeit und Gebet der Priester in die oberste Abteilung gelangen konnten.

Neben dieser Religion herrschte aber krassester Aberglaube. Nicht nur, daß alle elementaren Gewalten: Sonne, Mond, Sterne, Blitz und Donner angebetet wurden, auch jeder Pflanze, jedem Tier wurde ein Spezialgeist angedichtet. Gute und Böse spielten eine große Rolle. Manche Tiere flößten den Maori geradezu Furcht ein, z. B. die Brückenechse. Die abergläubische Angst vor diesen Tieren war dabei so groß, daß ein Maori durch Autosuggestion vor Entsetzen über ihren Anblick sterben konnte. Das ist um so auffälliger, als diese Eingeborenen, wie man aus ausgegrabenen Küchenabfällen frühester Zeit feststellen konnte, damals Eidechsen in großer Zahl verzehrt haben.

Polygamie war im allgemeinen wenig verbreitet; allerdings hatten die Häuptlinge meist mehrere Weiber. Die erste Häuptlingsfrau mußte adlig sein. Das von ihr geborene erste Kind hatte — auch wenn es ein Mädchen war — Anspruch auf Häuptlingswürde. Die übrigen Frauen und alle übrigen geborenen Kinder waren einfache Stammesangehörige. Die Hauptfrau vertrat Häuptlingsstelle unter den Weibern, denn ihr lag die Erziehung der Stammestöchter ob.

Bei der Verheiratung erhält das Mädchen von dem Stamm das nötige Land, es zieht also den Mann ins Haus. Bei verschiedenen Stämmen muß der junge Mann, wenn er eine fremde Stammestochter heiratet, zu ihrem Stamm ziehen. Oder aber das junge Paar sucht sich freies Land, baut dort seine Hütte und gründet einen neuen Stamm.

Eine sehr hübsche Sitte herrschte früher bei der Brautschau bzw. bei der Verlobung. Gefiel einem Jüngling ein Mädchen, so nahm er ein Stück Flachs, schlang es zum lockeren Knoten. Dann sah er dem Mädchen forschend in die Augen. Lächelte es ihm zu und erwiderte sein Kratzen in der Handfläche, so war das als Aufforderung zu deuten, ihr den Knoten zu geben. Öffnete sie ihn und warf den Flachs weg, so wollte sie nichts von ihm wissen, hatte es sich im letzten Augenblick anders überlegt. Zog sie aber den Knoten zu, so erklärte sie sich im wahrsten Sinne des Wortes „für gebunden".

Gelegentliche Entführung, d. h. mit Zustimmung des Mädchens, war gestattet, wenn der Jüngling hinterher den Eltern, gewissermaßen als Sühne, entsprechende Geschenke machte.

Der Kuß im europäischen Sinne war den Maoris vor Ankunft der Europäer unbekannt. Sie hatten nur das Hongi, das Nasenreiben, wobei gewöhnlich der eine saß, der andere stand und sich herabneigte.

Zwei Einrichtungen waren es, die im übrigen das Leben der Maori beherrschten, das „Muru" und das „Tabu".

Über die Bedeutung des Wortes „Muru" ist viel gestritten worden, da durch eine begriffsverwirrende Übersetzung das Wort anfangs als „Räuberei" gedeutet war. In Wirklichkeit handelt es sich um eine gesetzlich erlaubte Plünderung, die gewissermaßen als Strafe für ein Vergehen verhängt wurde, gleichgültig, ob es beabsichtigt oder aus Versehen begangen war. Letzten Endes bildete das „Muru" nur eine Folgeerscheinung des Kommunismus, erbrachte den Beweis, daß im Maoriland der Besitz etwas sehr Flüchtiges sein konnte. Einige Beispiele mögen diese höchst merkwürdige Einrichtung erläutern:

Es brennt z. B. einem Manne seine Scheune ab; er reißt, um sie zu retten, einige Planken herunter. Dadurch entsteht Flugfeuer; dieses entzündet trockenes Farnkraut einer in der Nähe befindlichen einstigen Begräbnisstätte, wo vielleicht schon seit langer Zeit niemand mehr bestattet wurde. Gleichgültig — die Toten sind in ihrer Ruhe gestört, der Mann muß bestraft werden. Also zieht die Dorfgemeinde vor sein Anwesen, raubt dem armen Abgebrannten noch seine letzte Habe, sein Kanu, Netze, Schweine, und was er noch an Vorräten hat. Dagegen sträubt sich aber der Mann nicht etwa, denn das würde als schimpflich gelten. Außerdem wäre es höchst unpraktisch gewesen, energischen Widerstand zu leisten, weil der Ausgeplünderte sich dadurch des Rechtes begeben hätte, sich selbst am nächsten „Muru", das einen anderen betraf, aktiv zu beteiligen.

Vielfach entwickelte sich allerdings hieraus ein Mißbrauch. Das „Muru" wurde vorgeschoben, um auf Kosten anderer Feste zu feiern. War es doch etwas ganz Selbstverständliches, daß der Ausgeplünderte nicht erst wartete bis ihm seine Habe genommen wurde, sondern er schlachtete seine Schweine und alles Vieh ab, richtete ein Festessen her. Verloren war ja doch alles, so wollte der Heimgesuchte wenigstens, daß gut und anerkennend von ihm gesprochen wurde.

Griff das „Muru" schwer in den Privatbesitz ein und war in früheren Zeiten vielfach auch der weiße Ansiedler nicht davor sicher, so wirkt geradezu verhängnisvoll das „Tabu". Es hatte sich in Neuseeland derartig weit entwickelt, daß es in vielen Fällen das Allgemeinleben bedrohte. Wir finden diese Einrichtung bei allen Südseevölkern, aber auch sonst — wenn auch meist abgeschwächt — in anderen Gegenden unserer Erde. Die heiligen Haine unserer Vorfahren, das nur von Priestern zu betretende Allerheiligste christlicher Kirchen sind Gegenstücke zum „Tabu". Auch wir haben z. B. Zahlen wie: 7 und 13; manche Tage sind Unglückstage, also auch als „Tabu" anzusehen, denn an ihnen unternehmen viele Abergläubige nichts Wichtiges.

Von Haus aus handelte es sich bei dem „Tabu" gewissermaßen um einen Schutz, der von ihm ausging. Im Altertum und bis ins späteste Mittelalter boten der häusliche Herd oder Altar jedem Flüchtling, selbst inmitten seiner Feinde, Schutz vor Verfolgung. Und wie das „Tabu" das Leben beschirmte, so natürlich auch den Besitz. Anfangs waren nur die Häuptlinge und alles, was mit ihnen zusammenhing, „tabu", später aber

*Wachhund an dem kochenden Fluß von Tikitere*

*Ruhende und spielende Geyser*

auch Unterhäuptlinge und Krieger. Sie hatten das Recht, Gegenstände oder Örtlichkeiten als „tabu" zu erklären. Wer sich dagegen verging, verfiel aber nicht direkter Bestrafung, sondern auf ganz geheimnisvolle Weise ging diese vor sich: entsprang der Angst vor den Folgen der Tat. Es war, als ob ein Fluch auf dem Übeltäter lastete, eine schleichende Krankheit ihn befallen hatte. Immer mußte er an seine Tat denken, oder wurde von Stammesgenossen daran erinnert. Wohl infolge einer auf ausgeprägtem Aberglauben beruhenden Autosuggestion entwickelte sich ein Siechtum, dem in sehr vielen Fällen der Übertreter des „Tabu" erlag. Diese Autosuggestion finden wir sehr häufig bei wilden Völkern. Sie ist zum Teil zurückzuführen auf eine völlige Erschlaffung und Ausschaltung des Willens zur Besserung. Die von dieser „Krankheit" Ergriffenen lassen sich gehen, sind so überzeugt davon, daß sie sterben müssen, daß sie tatsächlich allmählich dem Tode verfallen.

Es gab auch unter Umständen eine Heilung gegen diese geheimnisvolle „Krankheit", doch hatte gegen sie nur der Oberpriester die Macht, und selbst dieser nur, wenn das „Tabu" unbeabsichtigt verletzt war. Das dürfte allerdings meist der Fall gewesen sein, denn es war auf die Dauer unmöglich, alle die vielen „Tabus" zu kennen oder zu behalten, namentlich wenn ein Mann in eine fremde Dorfgemeinde kam. Interessant ist, daß das „Tabu" sich nicht auf jüngere, sondern nur auf ältere Männer bezog. Man ist daher zu der Annahme geneigt, daß diese Herren sich dadurch vor Arbeit und allen möglichen Verrichtungen schützen wollten, indem sie erklärten, dieselben nicht leisten zu können, da alles, was mit ihnen in Berührung komme, „Tabu" sei.

Der Begriff des „Tabu" war volkswirtschaftlich oft von großem Einfluß. So waren in Zeiten von Hungersnöten die Nahrungsmittel „tabu", nur der Häuptling und Priester konnte sie freigeben. Unreifes Obst und Fische wurden zu gewissen Zeiten, bestimmte Krankheiten immer als „tabu" erklärt. Für europäische Reisende hatte diese Einrichtung etwas ungemein Praktisches. Die Häuptlinge verhängten über das Reisegepäck der Fremden das „Tabu"; hierdurch wurde jedem Diebstahl vorgebeugt.

In mancher Hinsicht besteht in dem „Tabu" übrigens eine gewisse Ähnlichkeit mit dem Kastenwesen der Hindus. Auch in Neuseeland wurde ein Gegenstand, den ein „Tabu"-Mann berührt hatte, für jeden Niedrigerstehenden unangreifbar. Das galt von Speisen, Gegenständen, ja sogar vom Feuer. Hatte ein Häuptling dasselbe entfacht, so durfte es kein Niedrigerstehender benutzen, nicht einmal seine Pfeife daran entzünden. Doch es gibt Hintertüren: Geschieht es z. B., daß ein Maori mit starkem „Tabu" zu einem Weißen kommt und um einen Trunk bittet, so heißt es vorsichtig sein, denn reicht man ihm ein Gefäß und er trinkt daraus, so wird es „tabu". Damit es kein anderer benutzen kann, wird es der Maori zerschlagen oder — einstecken. Der erfahrene Weiße wird deshalb das Trinkgefäß hochhalten, der fremde Gast bückt sich, formt die Hand zum Trichter, und in ihn schüttet man den Trunk, ohne daß die Hand des Maori das Gefäß berührt.

Wie vielfach in der Welt Tote für unrein gelten, so waren sie bei den Maori im höchsten Grade „tabu". Nur Arbeitsunfähige oder Sklaven besorgten die Beisetzung.

Feierlich waren die Gebräuche, wenn ein Stammesoberhaupt gestorben oder im Kampfe gefallen war. In letzterem Falle stürzte sich gewöhnlich die trauernde Witwe auf Gefangene und erschlug sie mit der M e l e , der Steinkeule des Gatten. Die Leiche des Häuptlings wurde in sitzender Stellung aufgebahrt, mit schönen Matten angetan, Federn im Haar, die treue Waffe, das Häuptlingsabzeichen in der Hand. Seine übrigen Waffen und Geräte wurden um ihn herum aufgestellt. So verblieb er, bis die Verwesung eintrat. Inzwischen empfing die Witwe die ihr Beileid ausdrückenden Freunde und Nachbarstämme, unter Ansprachen, Wehklagen und Wechselgesang, dem das offizielle Nasenreiben folgte. Dann erschien der Tohangu, der Priester, und legte die Leiche in ein altes Kanu oder in einen ausgehöhlten Baumstamm, gelegentlich auch in eine Höhle, samt allen Gegenständen, die der Häuptling während seiner Krankheit benutzt hatte. War die Leiche verwest, so wurde das über sie sowie alle Gegenstände verhängte „Tabu" gelöst, die Gerätschaften unter großer Feierlichkeit unter die Gäste verteilt, und nun begann das Schaben der Häuptlingsknochen, an dem alle Geladenen mit ihren Obsidian-Messern teilnahmen. Die auf diese Weise gereinigten Knochen kamen in eine feine Matte und wurden von dem Tohangu in einem hohlen Baumstamm oder in einer Höhle verwahrt. War der Ort bekannt, so wurde das „Tabu" über denselben verhängt. Handelte es sich aber um einen besonders kriegsgewandten Häuptling, so kamen die Knochen an einen verborgenen Platz, um sie vor Raub zu schützen. Es herrschte auch die Sitte, besondere Leichen zu verbrennen oder sie in den Krater eines Vulkans zu versenken. —

Die Köpfe der erschlagenen Feinde wurden gesammelt und getrocknet als Kriegstrophäen an den Pahs aufgesteckt, während die Körper verzehrt wurden.

Bis in die neueste Zeit war das Tatauieren allgemein verbreitet. Es wurden dieselben großartigen Ornamente, die wir an den Maorischnitzwerken bewundern, auf das Gesicht oder den Körper tatauiert, so daß die Köpfe hauptsächlich der Häuptlinge und Vornehmen wie bunt bemalt aussahen. Alle möglichen Arabesken und Spiralen zogen sich auf beiden Gesichtshälften — peinlich genau übereinstimmend — über Wangen, Kinn und Stirn. Heute ist diese Sitte fast verschwunden oder mindestens ungemein eingeschränkt. Nur bei verheirateten Frauen findet man noch gelegentlich die Tatauierungslinien um die Lippen und um das Kinn, seltener auf der Stirn. Die Lippen werden bläulich tatauiert, weil rote als — Schande gelten. Was mögen die Maoris über die weißen Touristinnen denken, wenn sie ihre Lippen knallrot färben?

Die zum Tatauieren verwendeten Geräte bestehen in einem kleinen, einer Harke ähnlichen Instrument mit sehr scharfen Spitzen. Diese werden mittels eines Hämmerchens in die Haut geschlagen, genau dem vorgezeichneten Muster entsprechend. Dann werden die feinen Wunden mit Kauriharzkohle eingerieben, um die Tatauierungslinien unvergänglich zu machen. Zuweilen wird an Stelle des Kauriharzes auch pulverisierte Awetaraupe verwendet.

Es gehört eine ungemeine Kunstfertigkeit zum Tatauieren, denn jeder Fehl- oder schiefe Schlag bleibt unretuschierbar bestehen. Am schwierigsten ist es aber, die feinen Striche so anzuordnen, daß das Muster sich nicht verzieht, immer gleichmäßig die schönen geschwungenen Linien behält. Daher ist es wohl verständlich, daß es nur sehr wenige Leute gibt, die sich auf diese Kunst verstehen.

Das Tatauieren ist übrigens keine wahre Freude für den, an dem es vorgenommen wird. Es dauert ziemlich lange und ist sehr schmerzhaft. Aus diesem Grunde wird es bei manchen Südseevölkern im geheimen, fernab vom Dorfe, vorgenommen, damit die Frauen nicht hören, wenn der Jüngling im Schmerz aufstöhnt oder gar schreit, denn dadurch würde natürlich sein Ansehen bei den Mädchen sehr leiden.

Die Kleidung der Maori bestand aus einem Mantel aus Kiwifedern oder aus neuseeländischem Flachs. Er war fein gearbeitet, mit teilweise aufgedrehtem Flachs, Stäbchen, Muscheln und Federn geschmückt. Der

Kiwimantel war ungemein wertvoll. Um ihn herzustellen war es nötig, in jahrelanger Jagd eine große Anzahl dieser harmlosen Schnepfenstrauße zu erlegen, was nicht zum wenigsten zu der starken Abnahme der interessanten vorweltlichen Vögel beigetragen hat.

Als Halsschmuck wurde, von Geschlecht zu Geschlecht sich forterbend, das „Heitiki" getragen. Es ist dies ein Amulett aus Nephrit. Angeblich stellt es den Stammvater der Maori dar, der auch schon, um seine Feinde zu schmähen, die Zunge herausstreckt. Echte Heitiki sind heute wohl überhaupt, außer in Museen, nicht mehr vorhanden; was man jetzt von den Maoris kauft, stammt aus europäischen, meist deutschen Schleifereien.

Äußerlich erhalten sich, getragen von der Fremdenindustrie, noch die alten Sitten. Die Maoris verdienen durch sie gut, führen ein ihnen zusagendes, behagliches Leben, verdienen ohne Mühe genug Geld, um sich alle möglichen Erzeugnisse der europäischen Kultur anschaffen zu können. Nähmaschinen, Grammophon, Kino und Radio haben längst auch bei ihnen Eingang gefunden. Was aber heute der Fremde in den Maoripahs zu sehen bekommt, ist in Wirklichkeit nichts als Theater. Nur wenn die Maori ganz unter sich sind, benehmen sie sich so, wie ihre Vorfahren, nur die Menschenfresserei ist abgeschafft.


## Die Hölle von Tikitere


Selten abwechslungsreich ist das Landschaftsbild von Rotorua. Rundum ruhende Vulkane, liebliche Seen, dampfender, steriler, zerrissener Boden, überlagert von schweren giftigen Schwefeldämpfen. Kaum einen Kilometer davon entfernt: entzückende, üppig grünende Täler. Es ist, wie wenn die Natur für jedermanns Geschmack gesorgt hätte.

In einem kleinen Dampfer geht es auf dem Roto-Rua-See nach der bergigen Insel Mokoia, an die sich, wie sooft in dem sagenreichen Maorilande, rührende Liebeslegenden knüpfen. Hübsche Buchten, weit in den See vorspringende Landzungen geben ihm landschaftliche Reize. Am jenseitigen Ufer steigen wir aus, dort, wo ein kleiner Fluß in den See

*Zwischen Baumleichen sproßt junger Wald*

*Große Bagger schaufeln goldhaltigen Sand aus den Flüssen*

mündet. Es ist der Hamurana. Nur kurz ist sein Lauf, überschattet von lichtgrünen Weiden und blühenden Kirschbäumen. Und schon stehen wir an seiner Quelle. Hart am Fels entlang dehnt sich ein See, dem er entspringt. Kristallklar ist das zartgrüne Wasser; über 20 m tief sieht man in die Tiefe hinab. Ein idealer Platz zum Schwimmen. Der Führer macht uns darauf aufmerksam, daß es unmöglich ist, hinabzutauchen. Wir lachen und versuchen es. Mit aller Gewalt tauchen wir, suchen in die Tiefe zu schwimmen, aber es geht nicht. Der Druck der einem Felsspalt entströmenden Quelle ist so stark, daß wir immer wieder nach oben getrieben werden.

Bald sitzen wir wieder in dem Dampferchen. Als wir in Tengae ans Ufer gehen, ist das Landschaftsbild ein ganz anderes: Vor uns ein breites Tal, die Höllenpforte von Tikitere. Von heißem Wasser und Dampf scheint der Boden durchwühlt; schweflige Nebel lagern über dem toten Erdreich. Durch ein trostloses Tal von Schwefellöchern, kleinen Schlammvulkanen, wild sprudelnden, kochenden Geysern rollt unser Wagen, eingehüllt in Dampf und Dunst. In der Mitte des Tales zwei kochende Seen, die wild aufschäumen. Zwischen ihnen hin zieht sich ein schmaler Damm. Hier steht der Wanderer inmitten der Höllenkräfte, die die Erde erzittern lassen. Nicht mit Unrecht heißt der Weg „Der Pfad zum Hades", eine unheimliche Gegend. Immer dichter wird der erstickende Schwefelwasserstoffbrodem, die heißen Wolken, die nur ab und zu ein freundlicher Windhauch zur Seite wirft. Da erhebt sich zur Linken ein schlammiger Hügel einige Meter hoch. Es ist ein schmutziger Moddergeyser, in dem die dicken, grauschwarzen Massen kochen und brodeln. Auf der anderen Seite ein See mit warmen Quellen, von dem die Eingeborenen behaupten, daß er heilkräftige Wirkung hat. Sicher hilft das heiße Schwefelwasser gegen Rheumatismus und wohl auch gegen Hautkrankheiten.

Weiter geht es das Höllental entlang. Es verbreitert sich vor uns, aber man muß auf den Weg achten, darf sich nicht wie ich durch die herrlichsten Schwefelkristalle verlocken lassen, den trügerischen Boden zu betreten. Ein Schritt — da breche ich durch die heiße trockene Schlamm-schicht ein, ehe ich die schönen Schwefelkristalle habe greifen können.

Ein schäumender, heißer Wasserfall stürzt wenige Meter hinab, Stromschnellen springen über den felsigen Grund. Allenthalben dampft der schwefelhaltige, zerrissene Boden.

Wir gehen an dem fast kochenden Fluß entlang, da jagt mit mächtigen Sätzen ein großer Hund heran. Erst umtanzt er uns bellend, läuft ein Stück davon, bleibt stehen, äugt zurück; als wir ihm nicht folgen, kommt er wieder heran, faßt meinen Freund am Rock, will ihn wegziehen. Wohl merken wir, was er will, wollen aber sehen, wie weit er sein Spiel treibt. Doch er meint es ernst. Schon hat er meinen Freund mit festem Griff an der Hand gepackt und läßt nun nicht mehr los. Wohl oder übel müssen wir folgen, etwas mehr von dem gefährlichen Fluß wegtreten. Der Führer gesellt sich zu uns, erzählt, daß das Tier vor wenigen Monaten in das heiße Wasser gestürzt ist, und seitdem jeden Menschen, der in die Nähe kommt, warnt. — Einen kochenden See haben wir erreicht, aus dem zehn oder zwölf Fontänen in unregelmäßigen Abschnitten emporschießen. Das Wasser soll hierin 20 Grad heißer sein als sonst kochendes Wasser, behauptet unser Führer. Wir schmunzeln, wollen ihm nicht glauben, aber er schwört bei allen Maoriheiligen, daß er doch recht habe. —

Und plötzlich ist das trostlose Tikiteretal zu Ende. Ein herrliches Panorama von Seen breitet sich vor uns. Doch noch einmal warnt uns die ruhende Urkraft. Ein gewaltiges Erdloch, aus dem heulend und pfeifend ohne Unterlaß schweflige Gase herausschießen. Sicher ein sehr notwendiges Erdventil, denn man kann sich vorstellen, welcher Überdruck entstehen würde, wenn dieses riesige Abzugsloch sich plötzlich verstopfte. — Durch Buschwerk geht es dann hin zu einem lieblichen, grünen See, einem wahren Paradies von Schönheit. Welch ein Gegensatz zu der Höllenpforte von Tikitere!

Am nächsten Morgen sitzen wir wieder in der Coach. Öde, nur von dünnen Farnen, spärlichem Gras bewachsene Hänge dehnen sich um uns. Zwischen ihnen starren einzeln, in Gruppen oder Wäldern graue Baumleichen, zwischen denen junger Wald emporgeschossen ist. Wo der Weg das Gelände tiefer durchschneidet, der Regen das Erdreich ausgewaschen hat, sehen wir, wie hoch hier die Aschenschicht liegt. Vor fast 50 Jahren wurde sie bei dem gewaltigen Ausbruch des Tarawera über das Land gebreitet. Im Wechsel der Zeit ist hier aus dem toten Erdreich neue Vegetation entstanden, und doch mahnt die ganze Landschaft an das einstige große Unglück.

Vorüber am Tikitapusee, entlang an einem grünen, dann blauen See, biegen wir in das Wairoatal ein. Da und dort Ruinen. Hier stand einst ein großes Dorf, dort das Wairoahotel. Mauertrümmer, ein paar verrostete eiserne Bettstellen, Reste eines Wagens, das ist alles, was davon übriggeblieben ist. Fröhliche Gäste sind hier vom Unglück überrascht worden. Wer weiß, wie viele von ihnen sich haben retten können in jener furchtbaren Juninacht, als es beim Ausbruch des Vulkans Steine, glühenden Schlamm, feurige Asche regnete.

## Der Ausbruch des Tarawera

„Was haben Sie für eine merkwürdige Krawattennadel?" fragte Mac Keaton, ein alter Digger, den wir am Abend im Hotel getroffen hatten, meinen Freund.

„Gefunden in Alaska."

„Sind Sie auch Goldsucher gewesen?"

„Nein, das nicht, aber —"

„Ich dachte, Sie hätten das Goldstückchen, das Sie da tragen, gefunden?"

„Ja, das schon, aber — in einem Laden in Nome in Alaska."

„So", mit diesem Worte gab der alte wettergebräunte Goldsucher die Schaufel, in der wir am offenen Kamin Mais rösteten, weiter, steckte sich mit einem Zweig, den er aus dem Feuer zog, seine Pfeife an — er konnte sich die alten Lagersitten immer noch nicht abgewöhnen — und lehnte sich behaglich zurück.

„Auch ich habe einst Gold gefunden", begann er, „viel, sehr viel. Das waren noch andere Zeiten damals, als die Kultur noch fern, wenige Weiße die Insel durchzogen, noch keine Touristenhotels gebaut waren. Wenn man sich richtig benahm, war mit den Maoris schon damals gut auszukommen, aber vorsichtig mußte man sein, ihre Sitten und Gebräuche achten. An manchen Stellen habe ich Gold gewaschen, bin mit schwerem Beutel nach Sydney hinüber gefahren. Hei! war das ein Leben! Man glaubt nicht, wie viele Freunde so ein mit Gold schwer beladen heimkehrender Digger plötzlich hat. — Ein paar Monate, dann war die Herrlichkeit vorbei, alles Geld verpulvert. Was blieb mir übrig, als wieder Hacke, Spaten und Eimer auf den Buckel zu nehmen, von neuem mein Glück zu versuchen? Ich hätte ja in Australien bleiben können, da gibt es auch genug von dem gelben Metall, aber Neuseeland hatte es mir nun einmal angetan. Wieder einmal war ich hergekommen, hielt mich gerade in Wairoa, dessen Ruinen Sie ja gesehen haben, auf. Es war Anfang Juni 1886. Eigentlich hätte es kühl sein müssen, aber schon seit einigen Tagen war es merkwürdig schwül. Die Maoris hoben von Zeit zu Zeit die Nasen, als wollten sie in der Luft schnuppern, blickten sorgenvoll nach dem Himmel. Irgend etwas stimmte da nicht. Aber hier ist man ja an allerhand Naturerscheinungen gewöhnt, und so legte keiner sonderlichen Wert auf die Stimmung des Wetters. Als aber die Ratten anfingen, da und dort die Häuser zu verlassen, in das Offene der Steppe zu flüchten, wurde uns doch ungemütlicher zumute. Die Tiere haben ein feines Empfinden für das, was kommt; es ist kein Zweifel, sie ahnen manches voraus. Früher hatte ich schon gehört, daß in Gegenden, wo es viele Schlangen gibt — wie in Java —, diese Tiere ihre Schlupfwinkel verlassen, wenn ein Erdbeben naht. Hier konnte ich es also bei den langgeschwänzten, wenig sympathischen Hausgenossen beobachten. Allerdings glaube ich, daß es weniger eine Vorausahnung ist, sondern daß die Tiere, die ja viel empfindlicher sind als wir, außerdem im engen Erdgang wohnen, die feinsten Bewegungen der Erde, welche den Erdbeben, Erderschütterungen vorausgehen, früher und stärker spüren als wir. Es wurde uns allen ungemütlich, und wir begannen unsern Kram zusammenzupacken.

Der Tarawera, der jetzt so harmlos aussieht, hatte jahrhundertelang getreulich am Rotamahanasee Wache gehalten. Nur aus alten Erzählungen wußten die Maoris, daß er einst auch tätig gewesen war. Niemand glaubte aber, daß er sich wieder rühren würde. Da kamen mit einemmal die Wasser des Sees in Bewegung, er stieg und fiel, als wenn er plötzlich Ebbe und Flut bekommen hätte. Die Luft wurde immer dicker, drückender. Erst leise — dann lauter begann die Erde in ihren Tiefen zu knurren. Das Erdreich um den See, das auch zu anderen Zeiten dampfte, lag bald unter immer dichter werdenden Schwefelschwaden. Die kleinen Geyser und Schlammtümpelchen, in denen es sonst bescheiden gluckste, die kaum handhoch spuckten, entfalteten mir einemmal eine unheim-

*Ruhig liegt jetzt der siedendheiße Rotomahanasee*

*Dem Ausbruch des Tarawera fiel das Weltwunder der Rosäsinterterrassen zum Opfer*

liche Tätigkeit. Es war, wie wenn die ganze Erde revoltierte. Bald
schossen da und dort Schlamm- und Wassersäulen mannshoch, haushoch
empor. Lauter und lauter grollte die Erde; schon begann sie leicht zu
schwanken. Jetzt wurde es auch den Maoris unheimlich. Alles drängte
zum Abzug aus Wairoa, nur die alten Leute wollten nicht mit. Die
Nacht war rabenschwarz, nicht die Hand konnte man vor Augen sehen.
So war im Augenblick der vielen Geyser wegen nicht an Flucht zu
denken. Bei Tagesanbruch wollten wir aber weg. Keiner schlief in diesen
Stunden. Es war auch eine verteufelte Sache, so auf dem schwankenden
Boden zu sitzen, unter dem es brodelte, knurrte, polterte und donnerte.
Unsere sonst so solide Erdkruste kam mir mit einemmal höllisch zer-
brechlich vor. Wenn nur erst der Morgen käme! Endlich eine schwache
Dämmerung. Der Uhr nach hätte es längst Tag sein müssen. Aber die
Luft war so dicht von Rauch, Dampf und fliegender Asche erfüllt, als
wenn ein schwarzer Nebel läge. Sorgenvoll blickten wir nach der ver-
schwommenen Silhouette des Tarawera. So brach der 10. Juni 1886 an.
Nur weg, jeder raffte sein Bündel auf. Da, ein furchtbarer Schlag im
Innern der Erde. Der Boden hob und senkte sich, wir torkelten, wie
auf einem Schiff im Sturm. Fast gleichzeitig brachen aus den schwarzen
Wolken, die schaurig drohend den Tag nicht aufkommen lassen wollten,
mit ungeheurer Gewalt Regengüsse. Sturm fegte über das Hochland.
Donner und Blitze folgten einander ohne Unterbrechung. Und da
geschah das Entsetzliche — der Tarawera öffnete sich plötzlich, wie
von unsichtbarer Gewalt zerrissen. Schweflige Dämpfe, Flammen
schlugen Hunderte von Metern hoch empor, glühende Lava ergoß
sich in ungeheuerem, breitem Strom aus der gewaltigen Wunde des
Berges, ein furchtbares Hagelwetter von glühenden Steinen aller Größe
ging über dem Lande nieder. Nun brach auch das Erdbeben mit
ungeheurer Wut los. Nirgends ein Halt. Alles schien ins Heben,
Wogen, Sichdrehen gekommen zu sein. Mit Entsetzen flohen wir aus
Wairoa, flüchteten überall aus den Dörfern die Maoris. Es war ein
ewiges Stürzen und Torkeln. Die Häuser wuchsen empor, kippten um,
brachen in sich zusammen. An vielen Stellen barst der Boden. Tiefe
Schlünde klafften, verschlangen Flüchtlinge, schweflige Dämpfe quollen
empor, Flammen züngelten. Schon brannten die ersten Hütten; vul-
kanisches Feuer hatte sie entzündet. Der sonst so ruhige Spiegel des

Tarawera war in Aufruhr geraten, er wirbelte wild empor. Und da, mit einemmal, traten seine Wasser zurück, wurden mit unglaublicher Geschwindigkeit geradezu verschluckt. Nichts war mehr von dem See zu sehen; nur gewaltige Wolken lagerten über dem leeren Seebecken. Als aber ein Windhauch darüber hinwegfuhr, für einen Augenblick die Dampfmassen verjagte, klaffte an seiner Stelle ein gewaltiger schwarzer Schlund, öffnete sich weiter und immer weiter gleich einem riesigen Rachen. In diesem Augenblick kam die eine Hälfte des Tarawera ins Schwanken, ins Gleiten. Noch spie der Berg Flammen und glühende Lava, dann brach die dem See zugewandte Seite in sich zusammen, versank — eingehüllt in düsteren, gewaltig aufwirbelnden Rauch — in der feurig aufflammenden Höllenpforte. Mit ihm waren die Rosa-Sinter-Terrassen verschwunden, jenes Erdwunder, das zu sehen allein schon eine Reise nach Neuseeland gelohnt hätte. Jahrzehntausende lang hatte das überquellende Kalkwasser an diesen Terrassen gebaut, sie langsam aufgeschichtet zu unzähligen schillernden Becken und Bänken, die wie Terrassen übereinander lagen, deren Wände zartrosa getönt waren. Sekunden hatten genügt, dieses einzigartige Naturwerk zu vernichten.

Dichter Schwefeldampf breitete sich wie ein giftiger Strom aus, erstickte die Lebewesen, die von ihm ergriffen wurden. Viele alte Maori, die zu schwach waren, um zu fliehen, wurden in der allgemeinen Angst und Flucht vergessen — erstickten. Und nun senkte sich aus den nachtschwarzen Wolken glühendheißer Aschenregen. Da und dort polterten emporgeschleuderte Felsstücke zwischen die Flüchtenden, manch einer sank mit zerschmettertem Schädel nieder. Blitze zuckten, aus dem aufgerissenen Erdreich schossen Flammen- und Steinfontänen der tobenden Geyser empor. Und noch immer wogte, dröhnte und brüllte die Erde, rollte und donnerte das Gewitter. In dem 500 km entfernten Auckland lauschten die Bewohner entsetzt auf diese im Innern der Insel sich abspielende Naturkatastrophe. Was wir, die wir das Entsetzliche aber vor Augen hatten, empfanden, kann ich selbst heute kaum sagen. Ich weiß nicht, empfand ich in dieser Schreckensnacht Angst oder ließ der Trieb der Selbsterhaltung zur Flucht diese gar nicht erst aufkommen.

Dichter und dichter fiel die Asche, benahm wie ein dunkler Vorhang jede Fernsicht, machte das Atmen fast unmöglich. Schon reichte sie bis über die Knöchel, bis zur Wade. Hoffte man aber, weiter ab aus dem furchtbaren, erstickenden Aschenfall zu kommen, so irrten wir uns — er war schneller als wir. Bald blieb da und dort ein Flüchtling erschöpft stecken, arbeitete sich stöhnend weiter, brach nieder, um nicht mehr aufzustehen. Ihn bedeckte die Asche wie ein Leichentuch. Unsere Kleidung glimmte immer wieder durch niederfallende glühende Funken auf; man konnte kaum so schnell den Brand ablöschen. Da erschien es wie eine Erlösung, als ein kräftiger Regenguß niederprasselte. Wohl löschte er das Feuer, aber nur für Minuten, dann kamen wieder die Aschenwolken. Das Wasser verdampfte, die Atmosphäre wurde unerträglich, Mund, Nase und Augen verklebte der schmierige Aschenbrei. Flugfeuer hatte Hütten und Häuser ergriffen. Gespenstisch flackerten die Brände, beleuchteten unheimlich die sich müde einherschleppenden Heimatlosen. Wie Fackeln standen die brennenden Bäume, bis auch die Feuer unter der Asche erstickten.

Mit äußerster Anspannung aller Kräfte waren wir geflüchtet, aber keiner wäre wohl dem Schicksal entgangen, wenn nicht der Wind sich gedreht hätte. Von ihm wurden die langen Aschenfahnen zur Seite geweht. Heller wurde es vor uns; wir konnten für Sekunden Atem schöpfen, dann weiter flüchten. Leiser wurde das Grollen, das Erdbeben schien vorüber.

Ein kleines Häuflein waren wir nur noch, die wir endlich erschöpft auf dem Hang ausruhen konnten, alle hungrig und durstig, denn nur wenige hatten daran gedacht, etwas mitzunehmen. Da saßen sie zusammen: Maori, Weltreisende aus dem Hotel, Goldsucher und Farmer. Viele jammerten, riefen nach ihren Angehörigen, die sie auf der Flucht durch die Dämmerung verloren hatten. Wo mochten sie sein? Waren sie schon voraus, lagen sie dort hinten unter der Asche, die immer dichter fiel? Hier gab es keinen Unterschied des Standes, der Hautfarbe, alle sahen gleich aus: schmierig, schmutzig; sie alle hatten nur den einen Gedanken: sich zu retten. Und dann ging es weiter. Wer etwas Kraft gesammelt hatte, hastete vorwärts, einzeln, in kleinen Trupps. Schweigend, kaum ein Wort des Jammerns kam über die trockenen Lippen. So verschlich der Tag. An einer von Bäumen etwas geschützten Stelle sammelten sich die Flüchtigen, sanken bei Einbruch der Nacht in die Asche, zu Tode erschöpft. Ein kräftiger Wind kam auf, brachte Kühlung, frische reine Luft, das Atmen wurde leichter, die Schwefeldämpfe verzogen sich. Auch im Erdinnern schien Ruhe einzutreten, nur wie von ferne grollte es noch, vielleicht war es auch der verhallende Donner des allmählich sich verziehenden Gewitters, das den ganzen Tag das Toben des Taravera begleitet hatte. Ruhig verlief die Nacht.

Als der junge Tag anbrach, bot sich uns ein entsetzlicher Anblick. Noch dampfte und rauchte es um den Tarawera, leuchteten die glühenden Lavaströme. Alles, was aber davor lag, war bedeckt wie mit einem riesigen grauen Tuch, aus dem gespenstisch die hohen Bäume kahl und tot emporragten. Die ganze Landschaft war verändert, Täler und Senkungen fast ausgeglichen. Kein Mensch wußte mehr, wo die Dörfer unter der Asche begraben lagen, in denen noch gestern frohes Leben geherrscht hatte."

Diese Erzählung des Augenzeugen beleuchtete uns erst so recht das Bild, das wir auf der Fahrt durch diese dem Tode geweihte Landschaft gesehen hatten. Ungeheure Aschenhalden, auf denen kaum da und dort etwas Gras sproßte, tote Wälder, deren silberglänzende Stämme gespenstisch und wie warnend zum Himmel ragten. Wo aber der Wind an manchen Stellen die Asche weggeweht hatte, starrten aus ihr halbverbrannte Dachsparren, Rest von Hausrat, ein Wagengestell und noch anderes empor als Zeugen der furchtbaren Katastrophe.

Der Rotomahanasee aber hatte sich bald nach dem furchtbaren 10. Juni wieder gebildet. Die ungeheure Erdspalte war geschlossen, aus dem Erdinnern und von kleinen Bächen war der See wieder aufgefüllt worden. Aber das Erdreich rundum dampfte weiter. Das Wasser des Sees selbst war — namentlich in der Nähe des Berges — fast kochend heiß.

Ein unheimliches Gefühl beschlich uns, als wir am nächsten Tag im Kahn darauf herumfuhren.

An der Stelle, wo wir das Boot bestiegen, war das Wasser ziemlich kühl. Je weiter wir aber auf den See hinauskamen, uns dem jenseitigen Ufer näherten, desto wärmer wurde das Wasser, es war, als wenn es angeheizt würde. Die Luft um uns wurde schwül, bald fühlten wir die Zunahme der Wassertemperatur durch die Stiefelsohlen. Immer heißer wurde es, lachend hob bald der eine, bald der andere von uns einen

*Der Ausbruch des Waimangu*

*Nur die Eingeweihten wissen, welche ungeheuren Kräfte in diesem dampfenden Waimangugeyser schlummern*

Fuß, konnte es nicht mehr aushalten. Ein unheimliches Gefühl, auf solch einem riesigen Kochtopf herumzufahren. Die fast vegetations-losen steilen Uferhänge waren in Dampf gehüllt, kochende Bäche sprangen von ihnen herab in den See. Dieser selbst begann zu brodeln, schlug kleine Wellen, obgleich es windstill war. Ich muß gestehen, es wurde allmählich ungemütlich. Als sich zu allem Überfluß auch noch schwere Schwefeldämpfe auf das Wasser lagerten, war unser Wissens-durst gestillt. Gerade jetzt mußte ich mich an den unglücklichen Island-forscher erinnern, dessen Boot bei einer Fahrt auf einem heißen Fluß aus den Fugen gegangen, der elendiglich in dem siedenden Wasser um-gekommen war. So ruderten wir an Land, hatten keine Lust, uns wo-möglich bei lebendigem Leibe kochen zu lassen.

Zufrieden, wieder festen, sichern Boden unter den Füßen zu haben, wanderten wir den Bergen zu, einem neuen Weltwunder entgegen. Ein öder Weg, durch trostlose Landschaft, Berge, Täler, alles Produkte der vulkanischen Tätigkeit der vielen Vulkane. In einem von Aschen-halden flankierten Tal ging es aufwärts, grauen, geröllübersäten Bergen entgegen. Auf der Paßhöhe ein Aufenthalt, und von hier ein groß-artiger Fernblick nach allen Seiten: Hinter uns der dampfende Roto-mahana, dahinter der Unglücksberg Tarawera mit seinem See, so still liegen sie jetzt da. Doch niemand darf ihnen trauen, sie sammeln nur neue Kräfte in ihrem Innern. Der Tag kommt dereinst wieder, wo in neuem, gewaltigem Ausbruch hier die Berge durcheinandergeworfen werden. Aber vorläufig ist keine Gefahr. Vor uns liegt ja das ge-waltigste Ventil unserer Erde: der Weimangugeyser. Leichter Dampf kräuselt über seinen schwarzen Schlammassen. Er hat jetzt seine Atem-pause. Erst in etwa zwanzig Stunden setzt seine Tätigkeit wieder ein, das wissen wir. Er ist pünktlich, alle zweiunddreißig Stunden nur arbeitet er, dann aber kräftig. So haben wir noch lange Zeit, genießen den Rundblick auf alle die Berge, die sich wie Dreiecke auf das Hoch-land gelagert haben, jetzt besonders schön, mit ihren weißen Neu-schneekappen.

Unser Gepäckträger ist vorausgegangen, wir folgen ihm über den aschenbedeckten Pfad. Ein großer Hund gesellt sich zu uns, be-schnuppert uns, als wenn er jemand suche; dann schließt er sich uns an. Erst später sollen wir seine traurige Geschichte erfahren.

# Der Waimangu-Geyser

Hat der Tarawera zwar durch die Zerstörung der Rosäsinterterrassen eines der Weltwunder vernichtet, so hat diese Erdgewalt als Ersatz dafür etwas Neues, in der Welt Einzigartiges, wieder geschaffen. In dem gewaltigen Ausbruch war gewissermaßen der Erddampfkessel explodiert. Die jahrhundertelang aufgespeicherten Kräfte, die in großen Tiefen zur Unerträglichkeit gewordene Spannung hatte sich in der Eruption Luft geschaffen. Sollte sich das Unglück nicht wiederholen, so brauchte der Tarawera ein Ventil. Das hatte er in dem gewaltigen, größten Geyser der Erde, dem Waimangu, erhalten. Kaum 3 km von dem Unglücksberg liegt er inmitten vieler Höhenzüge, die in ihrer vom Regen zerfressenen Aschen- und Geröllhülle einen überaus trostlosen Anblick gewähren.

In einem gewaltigen Bergkessel ruhen in Achterform zwei große Schlammtümpel, in denen es brodelt und zischt. Der eine von ihnen liegt etwas höher als der andere. Ganz langsam steigt der Spiegel des kleineren, oberen Schlammsees; gleichzeitig verstärkt sich auch die Hitze allmählich zum Kochen. Wir wissen, daß sein Überlaufen den Anfang des Ausbruches des Waimangu darstellt. Etwa alle 32 Stunden wiederholt sich dieses Naturschauspiel, oder besser gesagt, es wiederholte sich, denn dieses Erdventil ist seit einiger Zeit wieder verstopft. Auf dem Gipfel des den Geyser kreisförmig umgebenden Höhenzuges ist eine kleine Schutzhütte errichtet, mit einem Stück Wellblech notdürftig gedeckt. Von hier oben aus wollten wir das Schauspiel des Ausbruches beobachten. Stundenlang saßen wir, ausgerüstet mit Proviant für den ganzen Tag, wurden nicht müde zu beobachten, wie die Naturkräfte sich sammelten, anspannten, wie der dicke Modder des kleinen Sees überquoll, allmählich den anderen füllte, bis beide als große schwarze Acht zu unseren Füßen lagen. Und nun begannen sich Blasen zu bilden, wurden größer und größer, quollen empor, platzten. Da und dort stieg eine kleine Schlammfontäne. Lautlos sprang sie auf, fiel wieder in sich zusammen. Höher und höher spritzten sie, immer mehr. Schon spielten sie in beiden Becken. Die Zeit verrann — bald mußte der große Ausbruch kommen. Die Apparate waren gerüstet, die Sonne stand gut, das konnte eine gute Aufnahme werden. Da erschien plötzlich mit allen Zeichen der Erregung ein junger Maori. Er machte uns klar, daß der Wind schlecht stand. Infolgedessen war zu befürchten, daß die Eruptionssäule auf uns zu getrieben würde. Gewaltige, allenthalben herumliegende Felsblöcke — „Bomben" — bewiesen, daß nur zu oft der Waimangu diese schweren Bälle auch nach dieser Seite des Sees schleuderte. Wir zeigten auf das Schutzhaus. Da lachte er, für solche Geschosse könne das keinen Schutz gewähren.

Er wies uns die beste Stelle, von der aus man den Ausbruch beobachten könnte. Etwa 1 km von dem Geyser selbst entfernt zog sich ein kleiner Hügelzug, der freien Überblick gewährte.

Inzwischen hatte auch das Erdreich rundum, das bisher nur da und dort gedampft hatte, sich immer mehr in weiße Wolken gehüllt. Unheimlich begann es in der schwarzen Tiefe des Doppelgeysers zu grollen. Gleich gewaltigen schwarzen Sprühteufeln spritzten die Schlamm-Massen höher und höher, wehten wie mächtige Trauerschleier seitwärts dorthin, wo wir vor kurzem noch gestanden hatten. Immer größere Flächen des Schlammsees erfaßten die Ausbrüche. Weißer Dampf lag dicht geballt darüber. Jetzt trat Ruhe ein. Schon glaubten wir, etwas enttäuscht, daß alles vorbei sei, und frühstückten behaglich. Da plötzlich ein gewaltiges Grollen und Donnern in der Tiefe. Und nun hob es sich empor: schwarz, unheimlich groß wuchsen die zähen Schlammmassen höher und höher. Der ganze See in seinen 200 m im Geviert schoß 800—1000 m senkrecht empor. Aus ihm heraus flogen wie riesige Raketen Felsblöcke, polterten auf die Hänge, sprangen den steilen Felsabhang hinab wieder in das Bett des Waimangu. Und nun sank auch die ungeheure Schlamm-Menge aus der Höhe zurück in das Becken. Dreimal wiederholte sich das unbeschreibliche, gewaltige Schauspiel. Dann war alles vorbei. — Nur eine ungeheure Dampfwolke hüllte noch das Kratertal ein, war emporgestiegen bis zu den Wolken, breitete sich droben wie eine riesige weiße Pinie aus, die allmählich verwehte, noch lange als riesige Wolke am Himmel schwebte. — Es ist nicht zu sagen, welchen Eindruck der Ausbruch auf uns machte. Kaum kann es etwas Größeres geben, was Menschenaugen sehen können. Worte, Bilder vermögen das Wunder nicht zu beschreiben. Hier stand der Mensch gewissermaßen vor einer Gottheit, vor der Allgewalt Natur, die doch stärker ist als all unser Wissen, unser technisches Können. Auf mich war die Wirkung geradezu überwältigend. Instinktiv hatte ich die Mütze vom Kopf gezogen.

Wir gingen nochmals zur Schutzhütte hinauf, um vor dem Abschied noch einen Überblick über den Geyser in uns aufzunehmen. Und da zeigte es sich, wie recht der Maori gehabt hatte, als er uns hier wegholte. Ein Felsblock von wohl 15 Zentner oder mehr Gewicht war auf das Wellblechdach der Hütte niedergestürzt, hatte es vollkommen eingedrückt. Wir wären sicher von ihm in der Hütte erschlagen worden, als neue Opfer des Waimangu. Denn wenige Wochen zuvor hatte sein Ausbruch zwei Damen und einem Herrn das Leben gekostet. Trotz der Warnung des Führers waren die Damen, um den Ausbruch recht nahe photographieren zu können, hart an den Geyserrand herangetreten. Eine ganze Reihe von Aufnahmen hatten sie schon von den kleineren Ausbrüchen gemacht. Da eilte ein in der Nähe vorübergehender Tourist zu ihnen hin, um sie dringend zu warnen, aber sie sträubten sich wegzugehen. Er redete auf sie ein, da — — kam der große Ausbruch. Übermächtig hoch schossen Schlamm- und Steinmassen hart vor ihnen empor, ergossen sich über sie, rissen die Unglücklichen mit hinab in die Tiefe. Man hat nichts von ihnen wiedergefunden, nur — nach Wochen weiter unten in dem Abfluß, zwei Kilometer entfernt, den photographischen Apparat der Damen. Lange aber irrte der einzige Augenzeuge dieses furchtbaren Unglücks, der Hund des Herrn, am Geyser auf und ab. Ihn hatte das Schicksal verschont. Er schloß sich uns an, durchwanderte mit die Gegend, überall suchte er seinen so spurlos verschwundenen Herrn.

Trostlose Öde umgibt diesen Riesengeyser. Trockenes Steppengras, Felsen, Asche, verkümmertes dürres Farnkraut säumten unsern Weg. Wir fuhren weiter. Hart am Wege erhob sich ein schwarzer, schlammiger Kessel. Es ist die Öffnung eines mittelgroßen Geysers, der ständig Schlamm auswirft. So hat sich langsam rundherum ein Kranz gebildet, höher und höher aufgetürmt, wächst allmählich wie ein gewaltiger, über zwei Meter hoher Bienenkorb empor. In seinem Innern aber brodelt und zischt es, während rundum die Landschaft tot und wasserlos liegt.

Etwa einige Kilometer weiter wurde das Land etwas fruchtbarer. Wir waren aus dem Gebiet der ungeheuren Aschenlager heraus. Hier fielen uns viele gleichgekleidete Männer auf; sie waren mit Wegebau und Pflanzungsarbeiten beschäftigt. Strafgefangene: Hochstapler, Taschendiebe, Betrüger und ähnliche Herren führten hier in einem Lager in

*Bis zu den Wolken reichen die gewaltigen Dampfwolken*

freier, wenn auch ernster Natur ein nicht allzu hartes „Gefängnisleben".
Alle Schädigungen, die sonst Gefängnismauern mit sich bringen, fielen
für sie weg. Die Regierung von Neuseeland wollte den Versuch machen,
die Gefangenen durch Beschäftigung in freier Natur zu bessern, hoffte
es auf diese Weise leichter als durch spanische Gardinen erreichen zu
können. Eine Gefahr des Ausbruchs der Gefangenen war nicht zu befürchten, denn allzuweit wären sie in dieser öden Gegend wohl nicht
gekommen. In der armen, erstorbenen, menschenleeren Landschaft
hätten sie außer einigen Farnwurzeln kaum etwas zu essen gefunden.
Verläuft sich aber ein Flüchtling in dieser wasserarmen Einöde nicht,
und erreicht er wirklich die Straße, so faßt ihn doch gar bald die Polizei.

Die Strafgefangenen forsten hier vor allem das Land auf. Einerseits
soll dadurch verhindert werden, daß durch Regen die auf den Hängen
lagernde Aschenschicht abgeschwemmt wird, andererseits wird es
höchste Zeit, daß in den weiten Landstrichen, auf denen in sträflichem
Leichtsinn die kostbaren Bestände niedergeschlagen sind, wieder Wälder
angeschont werden. Alle guten Vorbedingungen sind gegeben, namentlich fehlen die Baumschädlinge, unter denen unsere Forsten so sehr zu
leiden haben. Es muß an die Zukunft gedacht werden, denn ein Wald
braucht mehrere Menschenalter, bis er herangewachsen ist. Die Besiedlung des Landes ist im vollen Gange; zum Bauen der Häuser sind
aber Stämme nötig, wo diese fehlen, werden die durch Transport von
weither entstehenden Kosten zu groß, die Erschließung stockt.

Die Strafgefangenen blicken uns lange nach. In manchem mag sich
da die Sehnsucht nach ungebundener Freiheit regen. Eine Wegekrüm-
mung, sie sind unserm Auge entschwunden, nur aus der Ferne tönt noch
der gleichmäßige Schlag ihrer Hacken.

Langsam geht es bergauf. Von dem Bergzug bei Pareheru genießen
wir noch einmal einen wundervollen Blick über Berge, Seen, über das
ganze Eruptionsgebiet des Tarawera mit seinen unzähligen Trabanten,
den da und dort dampfenden Geysern. Und wie um uns das großartige
Bild unvergeßlich einzuprägen, hebt es sich plötzlich in der Ferne
zwischen den Bergen schwarz, gleich einer riesengroßen, lautlos explo-
dierenden Granate, schleudert Schlammassen und dampfende Felsblöcke empor, sinkt in sich zusammen: nur eine weiße Dampfwolke steht
in der regungslosen Luft. Der Waimangu hat zum Abschied noch einmal
sein großartiges Schauspiel aufgeführt.

## Auf bebendem Boden

Weiter rollt unser Wägelchen, bis es endlich im Schwefelbad Waiotapu, d. i. „Verbotenes Wasser", vor einem sauberen Hotel hält. Der
Wirt, ein vor einigen Jahrzehnten ausgewanderter Deutscher, begrüßt
uns besonders freundlich. Sind wir bisher durch Gegenden gekommen,
in denen die Landschaft trostlos grau in grau lag, in denen nur die
springenden Geyser und der wallende, weiße Dampf etwas Farbe und
Leben gebracht hat, so umfängt uns hier ein buntfarbiges Land.
Aber nicht Blumen, Blüten und Sträucher sind es, die der Gegend ihre
Pracht verleihen, sondern das Erdreich selbst mit seinem vielfarbigen
Sinterüberzug. Um den Pflanzenwuchs ist es auch hier schlimm be-
stellt; kümmerliche Sträucher bedecken die Hänge, aber auch an ihnen
ist vielfach das Blattwerk erstickt, mit gelben Krusten bedeckt durch
die Schwefeldämpfe, die dem zerrissenen Erdboden entströmen. Glühend
heiß ist er, dröhnt hohl bei jedem Schritt. Keinen Schritt darf man
abseits des Weges tun, sofort versinkt der Fuß im weichen, heißen,
schwefligen Tongrund, der das Schuhwerk zerfrißt. Allenthalben entsteigen stinkende Dämpfe dem Erdreich. Gelb, grün und rot, in allen
möglichen Farben prangt der Grund. Kleine Schwefelhöhlen haben sich
an vielen Stellen gebildet. Schwarz-gelb und weiß glitzern Kristalle
in allen Formen wie riesige geöffnete Drusen. Der Grund kleiner Seen,
Tümpel und sprudelnder Bäche leuchtet gelb, grün blau und milchig
weiß von feinstem Schwefelpulver. Hier sind die Felsen mit Sinter,
dort mit Alaun überzogen. Wirft man in einen Teich etwas von dem
kalkhaltigen Erdreich, so schäumt er auf wie warmer Sekt. Neben einem
Erdloch, gefüllt mit kochendem Wasser, findet sich ein anderes, das
eisig kalt ist. Und kaum zwei Schritt von ihnen klafft eine trockene
Schwefelhöhle tief in das Erdreich hinein. An vielen Stellen findet sich
rotes Erdreich. Aus ihm bereiten die Maoris seit undenklicher Zeit ihre
Farbe zum Anstreichen der Häuser; sie hat die Eigentümlichkeit, daß
sie in Sonne und Regen, selbst in anhaltenden Schwefeldämpfen unver-
änderlich bleibt. Allenthalben vulkanische Tätigkeit um uns, hier
dampfen Schwefelhaufen, dort sieden Geyser, kochen Tümpel, und inmitten dieser Gegend, die an den Vorhof der Hölle erinnert, ein ein-

sames Grab. Hier ruht ein Führer dieser Geysergegend zwischen den Naturwundern, die er getreu behütet, deren Wesen er so oft erklärt hat.

Und weiter geht es durch das Bergland, durch trostlose Täler, Höhen, von denen man erloschene Vulkane, in fernen Tälern aufsteigende Dämpfe sieht, vorüber an Farngestrüpp, einigen Maorihütten. Im Osten tauchen drei gewaltige Vulkane auf und recken ihre kegeligen, schneebedeckten Häupter, um die Rauchwolken spielen. Es sind die Riesen vom Tauposee. Und endlich schimmert es grün aus einem Tal. Pappeln, Eichen, Weiden bewegen im Wind ihre Wipfel, und inmitten von Buschwerk einige weißgestrichene Häuser. Es ist Wairakei, der Ort des „perlenden Wassers", wie ihn die Maoris in ihrer bilderreichen Sprache nennen, das Tal, auf das die Neuseeländer besonders stolz sind — stellen sie es doch dem Geysertal im Yellowstonepark an die Seite. Doch ehe wir das Tal selbst erreichen, kommen wir noch an einem uns neuen Erdwunder vorbei. Es ist das Karapiti-Blaseloch, die Teufelstrompete. Schwefliger Dampf schießt hier zischend aus der Erde, pufft mit dumpfem Dröhnen. Gewaltig ist der Druck, mit dem der Dampf entströmt. Ein hineingeworfener Hut wird wohl acht bis zehn Meter hoch geschleudert, einer leeren Konservenbüchse ergeht es nicht anders, und als mein Freund im Übermut das Experiment mit seinem aufgespannten Regenschirm versucht, da packt diesen der Luftstrom, nimmt ihn hinweg, um ihn erst weitab mit gebrochenen Stangen fallen zu lassen. Es ist, wie wenn hier in der Tiefe Hephästos an einem mächtigen Blasebalg arbeitet. Wohl mit Recht wird Karapiti von Fachleuten als ein notwendiges Vulkanventil betrachtet. Man kann sich vorstellen, welcher Überdruck im Erdinnern entstehen, sich unter diesem weithin unterhöhlten Boden ansammeln würde, wenn ein Erdeinbruch dieses Blaseloch schlösse. Es müßte das Vorspiel zu einer gewaltigen Katastrophe werden.

Dieses grüne Tal wirkt geradezu belebend; wie ein Alp haben alle die ungezügelten Naturwunder, die ertötete Landschaft auf uns gelastet. In dem warmen Schwimmbad des Hotelgartens reinigen wir uns vom Staub der trostlosen Fahrt. Selbstzufrieden genießen wir den Frühlingstag in dem schönen lebensfrischen Garten. Aber nicht lange hält es uns hier. Das nahe Geysertal lockt. In ihm brummt, zischt und dröhnt es, da und dort, bald höher geschleudert, bald wieder verschwindend steigen Dampfwolken, Wasserstrahlen auf.

Wann hier die Erde in furchtbarer Wunde auseinandergerissen ist, weiß man nicht. Wie aus angeschnittenen Adern spritzt und gurgelt es bald stärker, bald schwächer. Weiche Moose und Farne bedecken den Erdboden, Manukabüsche und Weiden füllen den Raum zwischen steilen Abstürzen aus. Heiße Bäche springen herab, bilden buntfarbige Sinterterrassen. Aus allen Löchern, Rissen und Spalten im Boden dampft es, unter überragenden Steinen hervor aber quellen heiße, stinkende Dämpfe.

Es ist nicht ratsam, dieses Geysertal mit seinen verschiedenartigen Wundern ohne sachkundigen Führer zu betreten. Jeder Quell hat seine Besonderheiten, seine Tücken. Der eine sprudelt unregelmäßig, nur wann es ihm paßt, während andere wieder ihre Wasser- und Dampfstrahlen nach der Uhr zu richten scheinen. Gleich am Wege brodelt und moussiert es in dem sogenannten Champagnertümpel. Sein abfließendes Wasser hat eine prachtvolle kleine Sinterterrasse gebildet. Da ist der große Wairakeigeyser, der in der Tiefe eines mächtigen Felsloches kocht. Höher und höher steigt in ihm das Wasser, läuft über, und in dem Augenblick, wo der durch die Last des Wassers erzeugte Überdruck nachläßt, erfolgen fünf bis zehn gewaltige Ausbrüche. Nicht weit davon entfernt gähnt das „Drachenmaul". Wahrlich, die Bezeichnung ist nicht schlecht gewählt. Denn gleich einem dräuenden Krokodilsrachen öffnet sich hier das Lawagestein. In ihn, der still und ruhig dazuliegen scheint, in dessen Innern es aber wie in einem Backofen glüht und hitzt, läßt uns der Führer hinabsteigen; im Vorhof der Hölle glauben wir zu sein, klettern eilends wieder heraus. Unterhalb dieses Drachenmaules liegt ein mit Wasser gefülltes Loch, in dem von Zeit zu Zeit eine große, silberglänzende Luftblase aufsteigt. Läßt man nun einen Teil des Wassers ab, so sinkt dadurch der Wasserdruck, der darunter zurückgehaltene Dampf kann seine ganze Kraft entfalten, und kurz darauf sprudelt an Stelle des bis dahin ruhigen Wassers ein mächtiger kochender Springbrunnen hervor. Aber kurz darauf braust und dampft es auch aus dem Drachenmaul, ein Schauspiel, das sich nun für einige Zeit alle fünf Minuten wiederholt, gut, daß wir nicht mehr darin sind.

Gehen wir an die Nordseite des Tales zurück, so kommen wir an schwarzen, weißen, roten, rosa Schlammpfuhlen vorüber und erreichen einen wundervollen, himmelblauen See. Zwischen Gebüsch versteckt

*Alaunklippen bei Waiotapu*

*Über dem Ngauruhoe weht ewig eine Rauchfahne*

finden wir das Abbild eines mächtigen, versinterten Adlernestes. Hier sind um ein Erdloch geschichtete trockene Zweige allmählich versintert, und so ist dieses eigentümliche Nest entstanden.

Weitaus den schönsten Anblick gewährt aber zweifellos der doppelte Federgeyser. Tückisch ist er; denn ohne vorher den Beginn seines Spielens anzukündigen, schießt er plötzlich aus zwei sich gegenüberliegenden Erdöffnungen mächtige Strahlen kochenden Wassers empor. In der Luft zerstäuben sie, bilden für wenige Sekunden zwei prachtvolle weiße Federn aus Wasserstaub. Merkwürdig weißer Moder bedeckt den Boden vor uns, verschwimmt teils in Blau. Wird dieser Ton längere Zeit der trockenen Luft ausgesetzt, so färbt er sich rot, ein wunderbares Spiel, hervorgerufen durch die Oxydation. (Also ein ganz ähnlicher Vorgang, wie wir ihn bei der Bildung der Indigo- und verschiedener anderer Farben kennen.)

Eine unangenehme Zugabe des Reisens in Neuseeland ist der viele Regen. Für die Landwirtschaft und Viehzucht ist er natürlich gut, trägt auch in hohem Maße dazu bei, eine schnellere Verwitterung des vulkanischen Gesteins zu bewirken. Erfreulicherweise dauert der Regen gewöhnlich nicht allzulange, und bald konnten wir eine längst beabsichtigte Fahrt unternehmen.

Hatte uns die Natur in den letzten Tagen ihre Wunderwelt der Geyser offenbart, so sollte uns eine Wagenfahrt wenige Stunden von unserm Hotel aus nach der anderen Himmelsrichtung in ein überraschend schönes Tal führen, das wir von hoher Felskanzel aus weithin überblicken konnten. Hier wird der tief eingeschnittene, etwa 200 Fuß breite Waikatofluß von einer Felsbarre auf den vierten Teil zusammengepreßt, zwängt sich durch wildes Geröll, stürzt viele Meter hoch herab, schäumt weiter, um neue Katarakte zu bilden. Rundum hüllen Wälder die Stromschnellen ein. Es sind die wegen ihrer Schönheit berühmten Aratiatiafälle, in deren Nähe wir picknickten.

Der Hotelbesitzer war Brieftaubenzüchter. Zu jedem Ausflug, der unternommen wurde, schickte er Brieftauben mit. In unseren Körben befanden sich lauter ungeübte Tauben, die zum ersten Male losgelassen wurden. Die eine derselben schwang sich hoch, schlug nur einen Halbkreis und nahm dann geradenwegs Richtung auf das Hotel zu. Eine andere dagegen wußte scheinbar gar nicht, was sie sollte; sie flog immer um unseren Picknickplatz herum und ließ sich schließlich wieder auf dem Korb nieder. Einige kreisten lange. Schließlich fanden sie aber doch alle den richtigen Weg nach dem Hotel zurück. —

Schon ehe wir nach Neuseeland kamen, hatten wir von der Eigentümlichkeit der Geyser gehört, auf Seife zu reagieren. Wir wollten es einmal selbst probieren, ob an der Erzählung etwas Wahres sei, und so hatten wir uns bereits in Auckland mit Seife versorgt. Da man aber nie genau wissen kann, wieviel Seife so ein Geyser braucht, bis ihm „übel" wird, so kauften wir an jedem Platz, wohin wir kamen, weitere Seife ein. Unser Gepäck duftete schließlich ähnlich wie der Musterkoffer eines Parfümreisenden. Abends saßen wir dann in stiller Klause und schnitten die Seife zu möglichst dünnen Blättchen, denn wir waren überzeugt, daß hierdurch die Wirkung gesteigert würde.

Darüber waren wir uns aber klar, daß der Versuch, falls wir ihn wirklich unternehmen wollten, geheimgehalten werden mußte, denn es ist immer unsicher, ob die Seife diesen Erdgeistern nicht ganz besonders schlecht bekommen würde. Die vielerlei Erdfontänen und kochenden Schlammlöcher des Geysertales waren ja naturgemäß die gegebenen Objekte für unser allerdings etwas laienhaft geplantes physikalisches Experiment. Die Schwierigkeit, es auszuführen, bestand darin, daß niemand von unserem Vorhaben etwas erfahren durfte, und daß das ganze Tal mit einem großen Zaun verschlossen war; ohne Erlaubnis des Hotelbesitzers konnte man nicht hinein. Aber als erfahrene Jäger spürten wir den mehrere Kilometer langen Zaun ab. Und siehe da, es fand sich auch hier das Loch, das in keinem halbwegs anständigen Zaun fehlen darf.

Am nächsten Morgen erklärten wir im Hotel, nachdem sämtliche anderen Gäste zu einem Wagenausflug aufgebrochen waren, wir hätten die Absicht, eine Fußwanderung zu unternehmen. Mit vollgepacktem Rucksack und Proviant für den ganzen Tag zogen wir in gerade entgegengesetzter Richtung des Geysertales los, schlugen in dem allerdings etwas wilden Wald einen großen Bogen und standen schließlich am Zaun des Geysertales. Es dauerte auch nicht lange, so war das Schlupfloch gefunden — wir befanden uns im „Operationsgebiet". Da das ganze Hotel leer war, der Geyserwächter sich als Führer an dem Ausflug der übrigen Gäste beteiligt hatte, waren wir vor Störungen sicher. So bekam der erste kleine Geyser einige Hände voll Seife. Eine Zeitlang verhielt er sich ruhig; plötzlich aber begann er stärker und stärker aufzuschäumen, kochte und brodelte, daß er sich stolz irgendeinem seiner größeren Brüder hätte vergleichen können. Besonders neugierig waren wir auf den sogenannten „Champagner"-Geyser, aus dessen Tiefe im kochenden Wasser ununterbrochen Luftblasen emporperlten. Es war ein größeres Becken. Da hinein gehörten wohl schon ein paar ordentliche Hände voll Seife. Dieser Teich fand gar keinen sonderlichen Geschmack an dem, was wir ihm spendeten; er brauste und schäumte, als wollte er unsere Gabe nur sobald als möglich wieder loswerden, zischte und kochte empor, daß es eine wahre Freude war.

Ganz besonders prächtig war die Wirkung bei den sogenannten „Federn des Prinz von Wales". Anfangs schien dieser Geyser nicht reagieren zu wollen, dann aber, als die Spannung im Innern sich schein- bar gewaltig gesteigert hatte, schossen mit einem Male die Wasser- strahlen zu einer geradezu unwahrscheinlichen Höhe empor. Kaum waren sie aber wieder in sich zusammengesunken, so brauste ein sich sonst nur wenig betätigender Geyser, den wir nicht einmal gefuttert hatten, in unheimlicher Stärke auf. — Und wir gingen von Ort zu Ort, verteilten da und dort unsere Gabe, immer mit der gleichen erstaun- lichen Wirkung. Bald wogten über dem ganzen Tal die Dampfwolken; die Geyser spielten überwältigend, schienen sich gar nicht wieder be- ruhigen zu können. Es war ein Anblick, der die innere Aufregung, die uns bei dieser Tätigkeit beherrschte, wohl lohnte. Längst war unser Rucksack leer, aber die Geyser spuckten immer noch. Schließlich wurde uns die Geschichte aber doch unheimlich. Es flackerte der Gedanke auf: Was geschieht, wenn jetzt durch die gesteigerte Spannung eine größere Geyserexplosion erfolgt? Aber bannen konnten wir „die Geister" nicht, kamen uns vor wie jener Zauberlehrling, denn das Machtwort: „In die Ecke Besen, Besen sei's gewesen!" hatte hier gar keine Wirkung. Wir hatten wohl etwas reichlich viel Seife geopfert. So verkrümelten wir uns, unter möglichster Vermeidung von Fußspuren, durch die Büsche, was allerdings nicht so ganz einfach war. Da und dort geriet der Fuß abseits des festen Weges auf brüchigen, vulkanischen Boden, brach durch, sank tief in die heiße, schlammige Masse ein.

Ich muß gestehen, wir waren froh, als endlich der Zaun des Geysertales hinter uns lag. Jeder Blick zurück zeigte, welche Tätig- keit die von uns auf so eigentümliche Weise in Behandlung genom- menen Geyser entfalteten. Am nächsten Bach wurden Schuhe und

Strümpfe von dem verräterischen bunten Schlamm, der daran haftete, gereinigt. Als wir aber am Nachmittag ins Hotel zurückkehrten, drückte der Besitzer sein lebhaftes Bedauern aus, daß wir und die anderen Gäste gerade an diesem Tage nicht dagewesen wären. Den ganzen Vormittag über hätte das Geysertal ganz in Dampf gelegen; vom Hotel aus habe er gesehen, wie die Geyser gespielt hätten. Seit Jahren wäre eine solche Tätigkeit nicht beobachtet worden. Lebhaft bedauerten auch wir, dieses Wunderschauspiel versäumt zu haben. Aber wir waren froh, als gegen Abend ein Blick hinaus uns davon überzeugte, daß all die kochenden Tümpel sich inzwischen wieder beruhigt hatten. Eines aber nahmen wir uns vor für die Zukunft: Nie wieder die Geyser mit unbekömmlichen Dingen zu füttern. Es war uns doch dabei etwas unheimlich geworden. —

Hier in der Nähe im Waioratal findet sich auch ein heißer Bach mit vielen Wasserfällen. Das ganze Gestein ist mit eisenhaltigem Sinter rotstreifig überzogen. Allenthalben lagert mehr oder weniger fertiger Bimsstein. Wohin das Auge schweift, steigen Dämpfe auf, brodeln Schlammgeyser. Bald steht man vor einem blauen, grünen, dann wieder purpurroten Teich. Da ist der Berghang überzogen mit üppigsten, frischgrünen Gewächsen, plötzlich aber sind über einer Stelle, an der das Erdreich in einem Spalt klafft, Äste und Zweige verdorrt, mit gelbem Schwefelsinter überzogen. Hier kochen die Seen über, überkrusten weithin den Erdboden mit glitzernden Kristallen. Dort wieder ein wohl fünfzehn Meter tiefes Loch mit senkrechten Wänden, nach dessen Innerem das Buschwerk überhängt. In der Tiefe aber ein kochender Tümpel, in den schon mehr als ein Stück Vieh ahnungslos hinabgestürzt ist.

So schön Wairakai ist, es muß doch einmal geschieden sein, denn noch vieles ist es, was Neuseeland uns zeigen will. —

Vier Pferde sind vor unseren Wagen gespannt, und hinaus geht es in den taufrischen Morgen. Die Nacht ist wieder einmal, wie so oft in Neuseeland, recht kalt gewesen, und mit Freuden begrüßen wir die Sonne, die nun endlich die regenschweren Wolken durchbricht. Auf ein ganz neues Landschaftsbild blickt sie herab. Am linken Ufer des Waikatoflusses schlängelt sich die Landstraße entlang. Tief eingeschnitten ist das Tal, steil ragen die Felswände empor, gekrönt von üppigem Grün. Schäumend sprudeln die prachtvoll blauen Wassermassen des Flusses über das Felsgestein. Nach etwa dreiviertelstündiger Fahrt hören wir es brausen und donnern. Wasserdampf steigt zwischen

*In unzähligen Stromschnellen braust der Waikato einher*

den Büschen empor, aber es sind nicht Geyser, die hier spielen, sondern der wunderbare Hukafall, der, zwischen senkrechten Felsen zusammengepreßt, wirbelnd und schäumend dahinbraust, um als mächtiges, tiefblaues Band etwa fünfzehn Meter hoch sich in ein weites Becken hinabzustürzen.

Bald öffnet sich das Landschaftsbild. Im Hintergrunde erhebt sich der heute ganz besonders tätige, schneebedeckte Ngauruhoe mit seinen beiden Nebenbergen. Tief reicht der die spitzen Kegel bedeckende Schnee herab. Unwillkürlich wandern meine Gedanken zurück zu dem Fujijama, dem Charakterberg Japans. Davor dehnt sich der blaue Spiegel des Tauposees. Noch immer folgen wir dem Ufer des Waikato. Jetzt hält der Wagen an einem merkwürdigen Geyser, der eben, wie wenn er uns eine Schaustellung geben wollte, aus seiner dunklen Öffnung einen riesigen Springbrunnen fast fünfzehn Meter hoch emporschießen läßt. Eine Zeitlang spielen noch die kochenden Wassermassen, dann sinkt er in sich zusammen; die letzte Dampfwolke verweht. Wir können das merkwürdige Gebilde, das nicht mit Unrecht den Namen „Krähennest" trägt, bewundern. Wahrlich, wie ein riesiges Vogelnest sind um die Geyseröffnung Zweige angeordnet, nicht von Menschenhand gelegt, sondern ein merkwürdiges Spiel der Natur hat sie hoch aufgeschichtet. Sie sind versteinert bzw. versintert durch die bei dem jedesmaligen Ausbruch des Geysers auf sie niederfallenden kalhaltigen Wassertropfen, in jahrhundertelanger Arbeit der Natur.

Jetzt biegt der Wagen in dichteres Manukagebüsch ein; freundliche Häuschen da und dort. Wir haben das romantisch im tiefen Talkessel gelegene Spa erreicht.

Eigentümlich unterscheidet sich der Tauposee von seiner grünen Umgebung. Öde, fast vegetationslos sind seine Ufer. Zum erstenmal bekommen wir hier wieder allerhand Wassergeflügel zu sehen: Kormorane, Wildenten, ja sogar einige schwarze Schwäne, die sich gar nicht sonderlich um das Rattern des kleinen Dampfbootes kümmern, mit dem wir den See befahren. Der Tauposee bildet den Mittelpunkt der Nordinsel; durch seine Größe imponiert er den Maoris, deshalb benennen sie ihn den Te Moana, d. h. das Meer.

Uns lockt es, einen der großen Vulkanberge, die hier in der Nähe des Taupo liegen, zu ersteigen. Deshalb fahren wir nach dem Maoridorf Tokaanu. Unsere Wahl fällt auf den etwa 2300 Meter hohen Ngauruhoe.

Es ist allerdings kein bergsteigerisches Erlebnis, nur für uns dadurch etwas anstrengend, daß wir seit Monaten ein richtig faules Touristenleben führen. Die einzige Gefahr bildet, namentlich im Frühjahr, gelegentlicher Steinschlag. Nur muß man darauf achten, von welcher Seite der Wind weht, denn diese Seite muß zum Aufstieg gewählt werden. Wer diese Vorsicht nicht beachtet, gerät in die Schwefeldämpfe des ewig tätigen Vulkans, die unter Umständen gefährlich werden können. Über Schnee und Lavablöcke geht es weiter. Endlich ist die Höhe erreicht, aber man steht nicht mehr im Schnee, sondern der Gipfel selbst ist schneefrei infolge der dem Vulkan entströmenden Wärme. Wunderbar ist das dem Auge sich bietende Panorama: eine ungeheure, mit Vulkanen aller Formen übersäte Hochebene. In der Nähe ragen der Ruapehu und Tongariru, in der Ferne der spitze Kegel des Mt. Egmont. Der Kraterwall ist fast kreisrund, hat einen Umfang von etwa dreiviertel Kilometer. Merkwürdig nimmt sich darin ein kleinerer Kraterwall aus von etwa hundert Meter Durchmesser. Meist ist sein Schlund in Dampf gehüllt, nur wenn der Wind etwas kräftiger darüber hinwegfährt, gewinnt man Einblick in die zahllosen großen und kleineren Fumarolen, in denen es kocht und siedet. Und damit wird uns klar, woher das merkwürdige Brausen, Rauschen und Fauchen stammt, das so unheimlich einen nahenden Ausbruch anzudrohen scheint. Ganz in der Tiefe aber glüht irdisches Feuer, das nur für Sekunden zwischen den flatternden Dampfmassen sichtbar wird.

Das Gebiet um die drei Bergriesen ist unter der Bezeichnung Tangariru National Park zum Naturschutzpark erklärt, ein großes Hotel, das allen Ansprüchen verwöhnter Weltbummler entspricht, ist darin errichtet worden. Damit ist das lärmende Treiben der Zivilisation in diese paradiesische ernste Einsamkeit verpflanzt worden: Autogehupe, Jazzmusik, Sportfeste, lautes Volk, nein, sie passen nicht hierher.

Im Anblick der schneebedeckten Häupter des Ngaruhoe, Ruapehu und anderer Berge geht es durch eine trostlose, nur mit Tussockgras spärlich bestandene Bimssteinwüste weiter, vorüber an welligem, von Schafen bevölkertem Weideland. Da und dort schließen sich Wälder an mit frischen Kahlschlägen, die unter Kultur genommen werden sollen. Wilder, großartiger wird das Bergland, mit tiefen Schluchten, üppigem Urwald. Alle möglichen Koniferenarten bilden die Wälder. Dazwischen entzückende Farnkräuter und mächtige palmenähnliche Farnbäume.

Vielfach ist aus senkrecht abfallenden Sandsteinwänden die Straße herausgeschnitten. Es ist eine geradezu unheimliche Fahrt in unserer von starken, unruhigen Pferden gezogenen Coach.

Nach einer grimmig kalten Nacht in Waiouru stand der Wagen früh bereit. Der Himmel hatte seine Schleusen wieder geöffnet und den Weg in einer Art und Weise aufgeweicht, wie ich sie selten zuvor erlebt habe. Wenn es in Ungarn wochenlang regnet, so verwandeln sich die Lehmchauseen in Moraste. Hier aber kam hinzu, daß in dem schlammigen Boden, von ihm versteckt, Felsblöcke lagen, die jeden Augenblick den Wagen umzuwerfen drohten. Bald saßen wir trotz unserer vier Pferde fest; wir Männer mußten aussteigen, mit ziehen und schieben. Ich sang mit einer Art Galgenhumor, in Umwandlung des alten schönen Volksliedes: „Zieh, Schimmel, zieh, im Dreck bis Pipiriki!" So hieß nämlich der Ort, den wir am Abend erreichen sollten. Bei diesen Worten griff ich aber nicht wie der Harfner in die Saiten, sondern in die Wagenräder. Es war ein bodenloser Dreck. Der Schlamm lief uns oben in die Stiefel hinein. Und da der Himmel noch immer kein Einsehen hatte, so wurden wir eingeweicht wie selten im Leben. Aber durch die Haut geht es ja bekanntlich nicht hindurch; das Herz blieb warm. Im stillen freuten sich mein Freund und ich — durchgefroren wie wir waren — auf einen steifen Grog, dachten auch in Gedanken an das schöne Samoa zurück, wo zarte Mädchenhände nach des Tages Anstrengungen dem ermüdeten Wanderer die Glieder wieder zurechtmassierten. Aber all diese Genüsse sollten wir am Abend in dem Hotel nicht finden. Mit Entsetzen stellten wir fest, daß der Kamin nicht wärmte, das Essen schlecht war, und daß wir in ein alkoholfreies Hotel geraten waren. Tee ist ja auch ein recht gutes Getränk, aber für einen durchgefrorenen Wanderer ist ein steifer Grog immerhin etwas Besseres.

In Norwegen hatten wir auch alkoholfreie Hotels kennengelernt, aber mit uns Ausländern hatte man da ein Einsehen. Bestellten wir „Tysk Tea", also „deutschen Tee", so wurde er zwar auch im Teegeschirr serviert, aber es war ein so gehöriger Schuß Rum darin, daß man ihn ebensogut als Grog ansprechen konnte. Im stillen (laut tat ich es nicht) legte ich mir immer die Frage vor: Wozu hatte man wohl in diesem alkoholfreien Hotel den verpönten Teufelstrank? Nur uns zuliebe, nein, das glaube ich nicht, vielmehr dürfte der Geist des Temperenzlertums doch noch nicht sich in alle nordischen Herzen gesenkt haben. — Hier in

Pipiriki zeigte sich der Hotelbesitzer nicht so menschenfreundlich — er trank seinen Alkohol wohl lieber selbst!

So endete diese unsere Wagenfahrt quer durch Neuseeland nicht gerade mit einem freudigen Akkord. Als aber das schon am Abend steigende Barometer für den nächsten Tag uns besseres Wetter in Aussicht stellte, die Sonne frühmorgens ins Fenster schien, wir mit etlichen Knie- und Armbeugen die von der schrecklichen Fahrt des vorhergehenden Tages steifen Glieder wieder richtiggerenkt hatten, war die alte frohe Reisestimmung wiederhergestellt. Gerade für die nächste Fahrt brauchten wir gutes Wetter, sollten wir doch den ganzen Tag im schmalen Kanu sitzen.

Der neue Tag hielt, was er versprochen hatte. Ein Eingeborenenboot stand für uns bereit, und mit ihm ging es den Wanganui — den „Rhein Neuseelands", wie die dortigen Einwohner ihn stolz, allerdings etwas euphemistisch, nennen — abwärts nach Wanganui. Zwischen steilen Sandsteinwänden, die direkt aus dem Wasser aufsteigen, dann wieder zwischen malerischem Hügelland hin gleitet das Boot, von schnellen Rudern getrieben. Dichter Urwald, da und dort Weiden schließen das Ufer ein. Riesige, breitausladende Farnbäume, Schlingpflanzen, dichtes Gebüsch bedecken die Berge und Hänge. Ab und zu taucht eine Ansiedlung von Eingeborenen, ein paar Europäerhäuser auf. Gegen hundert Meter hoch erhebt sich an vielen Stellen das felsige Ufer, und wahrlich könnte man zuweilen an den Rhein denken, wenn dort oben Burgruinen ständen. Vielfach sind die Wände wie mit einem schleierartigen Vorhang von langen Schlinggewächsen übersponnen. Von rechts und links münden Bäche ein, die in munteren kleinen Fällen sich von der Höhe herabstürzen. Jetzt im neuseeländischen Frühjahr hören wir auch wieder hier aus den dichten Wäldern munteres Vogelgezwitscher, das wir so lange vermißt haben.

Erstaunlich ist die Geschicklichkeit der Maoris, mit der sie ihre schlanken Einbäume durch die vielen Stromschnellen, die wir auf der Talfahrt zu passieren haben, hindurchlenken. Nicht weniger als siebenundvierzig sind es. Hat man so gewandte Ruderer, so ist keine Gefahr dabei. Aber unwillkürlich hält man sich nur gar zu oft rechts und links am Bordrand fest, wagt kaum zu atmen, um das Schwergewicht nicht zu verlegen, wenn es pfeilschnell zwischen Felsen über die schäumenden Katarakte hinweggeht. Wehe, wenn hier ein Boot kentert. Nach zweistündiger Fahrt passieren wir die Moutoainsel, die im Kampf der Maori

*Am Fuße des Mt. Egmont liegt ein uraltes Maoridorf*

um ihre Selbständigkeit eine so große Rolle spielte. Hier wurden im Jahre 1864 die Maori, die gegen Wanganui heranzogen, schwer geschlagen, wodurch die Stadt, deren Bewohner wohl sonst einem furchtbaren Schicksal verfallen gewesen wären, gerettet wurde.

Heute leben die Maori friedlich neben den Europäern. Sie haben hier auch europäischen Fleiß angenommen. Ihre Felder, die am Unterlauf des Flusses vielfach bis ans Ufer treten, machen einen guten Eindruck; ihre Häuser sind sauber gehalten.

Endlich ist Wanganui erreicht und damit unsere Durchquerung der Nordinsel beendet.

Wanganui ist ein hübsches, aufblühendes Städtchen, dessen Bedeutung sicher noch größer wäre, wenn es direkt an der Mündung des gleichnamigen Stromes läge bzw. Seeschiffe mit größerem Tiefgang bei der Stadt selbst landen könnten, was aber der vor der Flußmündung liegenden Barre wegen nicht möglich ist. Die Stadt ist eine der ältesten Neuseelands, bereits 1840 gegründet. Schon die ersten Siedler verstanden es sehr gut, mit den Maori auszukommen. Nur so ist es erklärlich, daß in den Freiheitskämpfen die um Wanganui sitzenden Maori sich auf die Seite der Engländer stellten, gegen ihre eigenen Landsleute kämpften. An dieses von unserm Standpunkt nicht sehr ehrenhafte Verhalten erinnert ein wenig geschmackvolles Denkmal, das den gefallenen Maoris errichtet ist, die in der Schlacht auf der Mouatoainsel 1864 „in Verteidigung von Gesetz und Ordnung gegen Fanatismus und Barbarei" umgekommen sind!

Hübsche Hügel umgeben die Stadt, von denen man bei klarem Wetter die schneebedeckten großen Vulkane der Insel erblickt.

Die neunstündige Bahnfahrt nach der Hauptstadt der Insel, Wellington, bietet wenig Interessantes. Meist geht es über fruchtbares Hochland, wo unzählige Schafe zwischen abgebrannten Baumstümpfen weiden, dann durch in Rodung begriffene Waldgebiete, alles wird getan, um die Schafzucht auszubreiten. Auch hier ist bereits eine Überproduktion eingetreten, die Preise sind katastrophal gefallen.

In herrlicher Blüte stehen die Gärten der Farmen und kleinen Städtchen, durch die wir kommen, erfreuen wir uns doch zum zweitenmal in diesem Jahr des Frühlings: erst in Japan mit seiner Blütenmärchenpracht, und nun südlich des Äquators abermals hier.

Bei einbrechender Nacht wird Wellington erreicht.

# Der Kampf der Maori um ihre Selbständigkeit

Am Wanganui vollendete sich das Schicksal der Maori, deren Geschichte mit Blut geschrieben ist. Von jeher haben die Engländer den Standpunkt vertreten, daß alle Länder der Erde von unserm Herrgott nur geschaffen sind, um unter britische Herrschaft zu kommen, daß alle Völker nur dazu bestimmt sind, ihnen zu dienen. Dementsprechend haben sie überall, wo sie ein Land in Besitz nahmen, die Eingeborenen behandelt. Konnten sie dies kulturell und geistig niedrigstehenden Völkern gegenüber tun, ohne auf sonderlichen Widerstand zu stoßen, so mußte ein solches Vorgehen bei Stämmen, die von Natur aus höher begabt sind, mehr Selbstbewußtsein besitzen, auf die Dauer zu Zwistigkeiten führen.

Als die Engländer auf Neuseeland Fuß gefaßt hatten, waren ihnen die Maori im großen ganzen nach Überwindung des ersten Mißtrauens friedlich entgegengekommen. Viele Händler lebten unter den Eingeborenen, ohne daß es zu ernstlichen Reibereien gekommen wäre. Nach Abschluß des Vertrages an dem „weinenden Wasser" (1840) trat hierin ein Umschwung ein. Die Maori begriffen allmählich, daß Landbesitz Wert hatte, welche Vorteile die Weißen aus dem oft für lächerlichen Kaufpreis erworbenen Grund und Boden zogen, wie sie selbst übervorteilt worden waren. Jetzt erst erkannten die Maori, wie berechtigt die Warnungen einiger Häuptlinge waren, die gegen den Vertrag gestimmt, ihn nicht unterschrieben hatten. Im stillen begann sich das Mißbehagen zu steigern. Wohl empfanden die Engländer den Stimmungsumschwung. Ihnen war bekanntgeworden, daß gerade Hone Heke, der Schwiegersohn Hongis, des Nationalhelden, gegen sie schürte. Da mußte ein Exempel statuiert werden. Der Gouverneur ließ auf der Höhe von Kororareka, dort, wo heute die Stadt Russell an der Bay of Islands liegt, gerade im Gebiet des Häuptlings Hone Heke, einen Flaggenstock aufrichten, den Union-Jack hissen. Das war Heke zuviel. Mit seiner Streitaxt stürzte er sich auf das Symbol der englischen Herrschaft über Maoriland und fällte den Mast. Englands Flagge sank in den Staub. Erstaunen bei den Engländern — das hatte man nicht erwartet. Verhandlungen, Vermittlungen folgten. Der Streit wurde äußerlich beigelegt. Aber der Funke der Unzufriedenheit glühte fort, fraß im stillen weiter. Durch

Sendboten wurde den verstreut wohnenden Maori immer mehr klargemacht, wie sie durch den Vertrag übervorteilt worden waren.

Inzwischen strömten auf die Nachricht der Anerkennung Neuseelands als englisches Kronland von allen Seiten Ansiedler herbei, namentlich aus Australien. Und es waren nicht gerade die besten Elemente, die sich in diesem fruchtbaren, neuerschlossenen Lande breitmachten. Sie gedachten vielleicht mit den Maori ähnlich zu verfahren wie mit den unglücklichen, wehrlosen Tasmaniern, die man kurz zuvor ihres Landes beraubt hatte. Treibjagd durch die ganze Insel war auf die Menschen gemacht worden; die schutzlosen Farbigen waren nichts weiter als Wild, das man zusammenschoß. So wurden die Tasmanier ausgerottet.

Was kümmerte es die neuen Ansiedler von Neuseeland, daß die Maori das Christentum angenommen, sich in die Bibel vertieft hatten, ja gläubigere Christen waren als neun Zehntel der Ankömmlinge. Die Unzufriedenheit der Maori wuchs. Auch die bisher englandfreundlichen Häuptlinge erkannten, daß die Weißen ihnen nicht die Kultur bringen, sondern ihnen nur das Land nehmen, sie ausnutzen, zu Sklaven machen wollten. Obendrein schleppten die Händler bisher unbekannte Laster und Krankheiten ins Land.

Häufig gingen Beschwerden der Maori an das Gouvernement, wurden aber von diesem großenteils gar nicht beantwortet, geschweige denn die Berechtigung derselben nachgeprüft. Ja, der Gouverneur, der nicht einmal der Landessprache mächtig war, hielt es für unter seiner Würde, überhaupt das Land zu bereisen, Fühlung mit den ihm anvertrauten Farbigen zu gewinnen.

Die stolzen Maorihäuptlinge ihrerseits, die auf eine lange ruhmreiche Tradition zurückblickten, empfanden es als eine Beleidigung, niedriggestellte Beamte als Sprachrohr des Gouverneurs benutzen zu sollen.

Trotzdem wäre die Bewegung vielleicht verebbt, wenn die Engländer nicht gerade auf die Abtretung eines Landstriches in Kawhia bestanden hätten. Hier waren der Sage nach die Vorfahren der Maori — von Hawaiki kommend — gelandet; das Gebiet war also heilig. Als eine friedliche Einigung nicht erzielt werden konnte, forderte der Häuptling Wahanui alle Maori auf, in Zukunft überhaupt kein Land mehr an die immer zahlreicher eintreffenden Pakehas zu verkaufen, da schließlich das Land zu klein, das Volk aussterben würde. Dieser Rat fiel auf fruchtbaren Boden, ja mehr als das. Als Wahanui vorschlug, einen Maorikönig zu wählen, der ihrer aller Interessen gegenüber dem Gouverneur vertreten sollte, fand dieser Rat einstimmig Beifall. Die Wahl fiel auf Te Whero-Whero, den Häuptling der am Tauposee sitzenden kriegstüchtigen Waikato. Er nahm unter dem Namen Potatau (1857) die Königswürde an. Hier beobachten wir also das merkwürdige Schauspiel des Übergangs vom Kommunismus zum Königtum. Der äußere Feind hatte das Volk, dessen einzelne Dorfschaften einander jahrhundertelang bekämpft hatten, geeint. Denn sie alle sahen sich in ihrer Existenz bedroht. Um allen inneren Hader beizulegen, wurde eine eigene Maorigerichtsbarkeit eingesetzt. Ihr unterwarfen sich sogar englische Missionare und Pflanzer in den Streitigkeiten mit Eingeborenen, weil diese Maorigerichte schneller und gerechter arbeiteten als die Gouvernementsgerichte in Auckland.

Allmählich wurde es manchen der auf ihrer einsamen Pflanzung sitzenden Ansiedler unheimlich, denn die Maori trugen den Kopf höher als zuvor. Die Farmer wandten sich warnend an die Regierung, aber diese hatte kein Verständnis für diese Bewegung, sah in ihr nur ein kindisches Spiel, eine Nachäfferei der Europäer. Der neugewählte König, dem die lässige Stellungnahme des Gouverneurs auf die Dauer nicht paßte, faßte das Übel bei der Wurzel, und seine erste, allgemein freundlich aufgenommene Verordnung war, daß kein Land mehr an die „Pakehas", an die Weißen, verkauft werden durfte. Es muß aber schon hier betont werden, daß er alles daran setzte, friedlich mit den Weißen auszukommen. Krieg lag durchaus nicht in der Absicht der Maori. Sie wollten ohne Haß und Streit mit den im Lande ansässigen Engländern leben, aber gleichberechtigt sein. „Denn", sagten sie, „der eine Gott, der die Welt regiert, hat Farbige und Weiße als gleichberechtigt geschaffen."

Vor allen Dingen war es der greise, weise Potatau, der immer zur friedlichen Lösung mahnte. Er, der in seiner Jugend ein gewaltiger Kriegsheld gewesen war, wußte nur zu gut, daß die Engländer niemals die Maori voll und ganz wieder zur Herrschaft über die Insel emporsteigen lassen würden. So hoffte er, neben und mit ihnen zum Nutzen seines Volkes leben, das Land kultivieren zu können.

Wohnte er anfangs in der Nähe der Hauptstadt selbst, so zog er, hauptsächlich auf Veranlassung der jüngeren Häuptlinge, seiner Minister, die den Engländern mißtrauten, eine etwaige Verhaftung fürchteten,

*Wettfahrt der Eingeborenen auf dem Wanganui*

tiefer ins Innere, in das spätere Königsland nach Ngaruwahia. Hier an der Gabelung zweier Flüsse sollte die Maorihauptstadt entstehen. Aber die Ereignisse drängten vorwärts. Trotz der friedlichsten Absicht des Königs wuchs allmählich doch eine Gärung unter den Maori, nicht zum wenigsten veranlaßt durch die Rede- und Debattierlust, die diesem Volke fast noch mehr als den übrigen Südseevölkern eigen ist.

Um auch äußerlich das Königtum zur Schau stellen zu können, hatten die Maori eine eigene Flagge, und zwar im weißen, rot gesäumten Feld ein rotes Kreuz und die Aufschrift „Nui tireni". Das bedeutet „Neuseeland". Darunter drei Sterne, die bezeichnenderweise Glaube, Liebe und Gesetz versinnbildlichen sollten. Damit wollten sie auch äußerlich zeigen, daß es sich bei dieser Königsmacherei nicht um einen Rückfall in das Heidentum handelte.

Statt den Bestrebungen der Maori irgendwie Rechnung zu tragen, führte das Gouvernement alle möglichen neuen Bestimmungen ein.

Die Unzufriedenheit der Eingeborenen wurde durch die höchst eigentümliche Zollbehandlung noch geschürt. Billige Wollwaren, namentlich Decken, wie sie jeder Maori in Ermangelung von Tierfellen (es gab ja keine Säugetiere auf Neuseeland) sehr notwendig brauchte, wurden mit einem sehr hohen Zoll belegt, Seide und Spitzenkleider dagegen, welche nur die weißen Damen der Städte trugen, waren fast zollfrei! Dazu kam, daß Waffen und Munition an Eingeborene nicht verkauft werden durften, dagegen der alles vernichtende Alkohol soviel wie möglich unter ihnen verbreitet wurde. Beschwerden gegen diese Ungerechtigkeiten halfen nichts. Da griffen die Maoris zur Selbsthilfe. Sie hißten eines Tages in einer Bucht der Westküste ihre Flagge und verlangten von jedem dort anlaufenden europäischen Handelsschiff den entsprechenden Zoll, und dieser wurde auch entrichtet.

Ständig tauchten überall neue Reibungsflächen auf; es gärte. Enger schlossen sich die Maori zusammen. Die Feindseligkeiten zwischen den einzelnen Volksgemeinschaften hatten vollständig aufgehört, dagegen wuchs das Ansehen des Königs ständig. Geldsammlungen wurden veranstaltet und auf diese Weise ein Staatsschatz geschaffen, zu dem auch die zwischen den Maori lebenden Europäer beisteuern mußten. Der Gegensatz zwischen braun und weiß verstärkte sich. Mädchen, namentlich Mischblut, die bisher in den Städten tätig waren, mußten ihre Stellungen aufgeben und wurden nach der Maorihauptstadt beordert, denn dem stolzen Volk paßte die Überheblichkeit der Kolonisten, den Eingeborenen zu befehlen, nicht mehr. Das waren Wetterzeichen, die zu denken gaben. Insgeheim kauften die Maori Waffen und Pulver, soviel sie nur irgend bekommen konnten. Wohl wurde der Gouverneur wieder darauf aufmerksam gemacht, aber noch immer verstand er nicht, worauf die Bewegung zielte. Diese war innerlich nicht gegen die englische Krone gerichtet, sondern lediglich nur gegen die falsche Landespolitik der derzeitigen Regierung in Auckland.

Als das Königstum vollkommen gefestigt war, starb der besonnene Potatau (1860). Ihm folgte sein Sohn Matutaere, der unter dem Namen Tawhiao König wurde. Er war bedeutend jünger, und so war es kein Wunder, daß unter diesem Heißsporn die Streitigkeiten offen losbrachen. Die Veranlassung war der Landverkauf eines Häuptlings an die Engländer. Die übrigen Häuptlinge protestierten, aber vom Gouvernement kamen Landvermesser unter militärischem Schutz. Da griffen die Maori zur List. Bei Nacht bauten sie mitten auf dem strittigen Lande einen Pah (eine Verschanzung) und besetzten ihn. Die auf diese Weise überrumpelten Engländer eröffneten die Feindseligkeiten und griffen den Pah an, wurden aber unter schweren Verlusten abgewiesen. Bei Nacht verließen die Eingeborenen ihre kleine Feste und entkamen in den Wald. Aber das erste Blut war geflossen, und nicht die Eingeborenen, sondern die Engländer waren die Angreifer.

Nun brach der Aufstand los, zwar nicht in gewaltiger Erhebung, sondern anfangs nur als Kleinkrieg, begann mit der Ermordung von Farmern und Niederbrennung der Gehöfte. Da und dort wurden zu Hilfe kommende kleine englische Truppenkorps geschlagen, denn sie waren im Buschkrieg vollkommen unerfahren.

Bei Reka hatte sich eine größere Abteilung der Eingeborenen verschanzt, sie wurde von 500 Linientruppen und Freiwilligen angegriffen, aber ohne jeglichen Erfolg. Alle Stürme wurden mit den schwersten Verlusten zurückgeschlagen. Erst als Marinetruppen mit eingriffen, gelang es im Bajonettkampf, die Maori an dieser Stelle zu werfen. Was nützte es aber, daß bei diesem Unternehmen 100 Eingeborene gefangengenommen wurden. Die meisten waren in den Wald entkommen. Da und dort flammte von neuem der Aufstand auf. Kleine englische Truppenteile gerieten in Hinterhalte. Jede ihrer Bewegungen wurde überwacht, denn die Maorispione waren allgegenwärtig, während die

Engländer nichts über den Standpunkt und die jeweilige Truppenstärke ihrer im Urwalddickicht versteckten, an den Buschkrieg gewöhnten Gegner in Erfahrung bringen konnten. Diese waren im Waldesdickicht fast unsichtbar, die Engländer aber, nur gewohnt, im offenen Feld und in geschlossener Linie zu kämpfen, bildeten obendrein mit ihren roten Röcken die beste Zielscheibe für die Büchsen der Gegner. Je länger die Kämpfe dauerten, desto grausamer wurden sie geführt. Die Maori verfielen wieder in ihren alten Blutrausch. Weib und Kind der Farmer wurden nicht geschont, alle oft auf grausamste Weise gemordet. Ein Glück war es für die Engländer, daß die Maori so schlecht bewaffnet waren. Außer den wenigen, auf Schlachtfeldern erbeuteten modernen Waffen führten sie nur ihre alten Musketen neben den altertümlichen Keulen und Äxten. Als einziges Geschütz besaßen sie eine in einem gestrandeten Schiff gefundene Kanone. Aus dieser feuerten sie Steine und Kettenglieder.

Diese Kämpfe wurden nicht von der eigentlichen Königspartei als solcher geführt, sondern von einzelnen Häuptlingen. Sie reichten aber hin, die Stellung der Kolonisten immer unhaltbarer zu machen. Dazu kam, daß in England sowohl als auch in Auckland, der damaligen Hauptstadt von Neuseeland, sich immer mehr Stimmen, namentlich von seiten der Missionare erhoben, die für das Recht der Maori eintraten, Protest einlegten gegen die englischen Gewaltmaßnahmen. Sogar der Oberrichter schloß sich in einem Schreiben an das Parlament dieser Bewegung an, in dem er den Eingeborenen Recht gab, den Aufstand als Notwehr, nicht als Rebellion bezeichnete. Solches Rechtlichkeitsempfinden eines Teiles der Kolonisten wirkte auf die Maori, die immer Bibel und Gesetz hochgehalten hatten, sehr stark. Allerdings war die Wirkung eine ganz unerwartete. Denn alle Häuptlinge, Freunde der Europäer, die sich bis dahin von der Königspartei noch abseits gehalten hatten, anerkannten sie nun und schlossen sich ihr an. Damit wurde diese Bewegung zu einer vollkommen nationalen. Die Maori wollten ihr Recht auf jeden Fall verteidigen und den ehrenvollen Tod auf dem Schlachtfeld der Verantwortung vorziehen, ihr Volk untergehen zu sehen.

Aber das englische Parlament hatte noch immer kein Verständnis für diese Bewegung. Es erkannte in ihr nur den offenen Aufruhr gegen die geheiligte Majestät, und beanspruchte außerdem dieses fruchtbare, ungemein wertvolle Land nur für die Engländer allein. Wollten die

Maori das Land nicht räumen, kamen sie nicht im Kampfe um, gut, so konnten sie für die stolzen Briten bestenfalls arbeiten. So wurde der Vernichtungskampf gegen dieses schöne Volk beschlossen und mit allen Mitteln aufgenommen. Das Mutterland England schickte Kriegsschiffe und Truppen, die Schwesterkolonie Australien sandte ein großes Heer. Da gab es keinen Zweifel für die Maori. Jetzt ging es um Sein oder Nichtsein, und entschlossen scharten sie sich zusammen, boten dem Feinde die Stirn. Aber was half es ihnen, von denen nur wenige mit Schußwaffen ausgerüstet waren; die meisten hatten nur alte Speere und Steinkeulen. Heldenmütig kämpften sie wie die Löwen, und ungeheuer waren die Verluste der Engländer. Jede Erstürmung eines mit Geschützen zusammengeschossenen Pahs endete gewöhnlich damit, daß die Maori in unvergleichlichem Heldenmut einen Ausfall machten, die Engländer überrannten, in den Wald flüchteten. Aber ihre Reihen wurden immer mehr gelichtet. Der Vorrat an Pulver und Blei schmolz zusammen. Nach mehr als dreijährigen Kämpfen gelang es dem General Pratt, die Maori am 6. November 1860 vernichtend zu schlagen. In dieser hitzigsten und blutigsten Schlacht, die je auf Neuseeland geschlagen wurde, fiel auch ein sehr großer Teil der Häuptlinge. Aber der Siegesjubel, der in England, Auckland und Australien angestimmt wurde, war verfrüht. Die Maori, in die Wälder versprengt, sammelten sich wieder und erschienen plötzlich im Januar 1861 vor New Plymouth. Die Engländer hatten sich gut verschanzt, doch eine auserlesene Schar von 140 Maoris, fast nur Häuptlinge und Häuptlingssöhne, stürmten das Fort bei Huerangi. Gleich Arnold Winkelried umfaßten die ersten der Angreifer die vorgehaltenen Gewehre und Bajonette der englischen Soldaten und stießen sie sich in die Brust, um so ihren Freunden eine Gasse zu schaffen. Mit ihren Steinbeilen schlugen die Maori Stufen in das steile Erdreich der Befestigungswälle, einer kletterte über den anderen. So versuchten sie die Palisadenzäune zu übersteigen, entrissen den Soldaten die Bajonette. Aber aller Heldenmut half nichts. Dem mörderischen Feuer der wohl verschanzten, mehr als dreifachen Übermacht mußten die tapferen Stürmer erliegen.

Mit wechselndem Glück tobte der Kampf noch monatelang hin und her, bis die Maori am 18. März 1861 bei Te Aroha unter der verheerenden Wirkung des Kartätschenfeuers der englischen Artillerie vollkommen geschlagen wurden. Damit war ihre Macht gebrochen. Das, was die

*Wellington*

erfahrenen Häuptlinge schon längst vorher gesehen hatten, war eingetreten: die schlecht bewaffneten Maori unterlagen.

Trotzdem gingen die Kämpfe weiter. Einen ganz verwegenen Zug unternahmen die Maori im Süden der Insel. Sie wollten einen Hauptschlag führen, die Stadt Wanganui überfallen, damit die Engländer aufs Schwerste treffen. Wäre dieser Plan zur Ausführung gekommen, so hätte er mehr als tausend Weißen, Männern, Frauen und Kindern, das Leben gekostet, ja die ganze englische Vorherrschaft in Frage gestellt, denn zweifellos hätte ein solcher Erfolg der Aufständischen alle schwankenden Gemüter, die abseits standen, ihnen zugeführt. Da aber ein Teil der Maori auf seiten der Weißen kämpfte, wurde der Plan durch Spione verraten. Die Engländer und ihre Verbündeten verlegten den für ihre Freiheit Kämpfenden an der Moutoainsel im Wanganui den Weg. Es kam zur Schlacht, in der die überraschten Aufständischen eine Niederlage erlitten, die Stadt Wanganui vor einem furchtbaren Schicksal bewahrt wurde.

So kam es zum Waffenstillstand; die Maori zogen sich vom Kriegsschauplatz in ihr Königsland zurück. Um 600 Acker Landes waren die Streitigkeiten, der mehrjährige blutige Krieg ausgebrochen, der England zwei Millionen Pfund Sterling Kriegskosten verursacht hatte.

Ein neuer englischer Gouverneur, Sir George Grey, kam an Stelle seines unfähigen Vorgängers ins Land. Zu ihm — er war früher schon in Neuseeland gewesen — hatten die Maori großes Vertrauen. Grey, der wohl die Fähigkeit und Autorität der Häuptlinge erkannte, versprach, den Maori eigene Gesetze zu geben, bot seinen ganzen Einfluß auf, um die immer noch bestehende Erregung niederzukämpfen.

Da trat ein merkwürdiges Ereignis ein: Ein Geistesschwacher namens Te Na rief eine neue Religion, die Pai Marire (pai = gut, marire = friedlich) oder Hau-Hau-Religion aus, er nannte sich Prophet. Von Hause aus war dieser Te Na ein friedfertiger Mensch. Als nun bei Taranaki ein englisches Schiff gestrandet war, hatte dieser „Prophet" ein „Gesicht". Er behauptete, die Erzengel Gabriel und Michael wären Fahrgäste des Schiffes und wollten zu ihnen kommen. Die Maori erblickten in dem Wrack des Schiffes ein willkommenes Strandgut, wollten es plündern. Er beschwor sie, das nicht zu tun. Sie lachten ihn aber aus. Er ging traurig in seine Hütte und erflehte Verzeihung für seine Landsleute von seinem Gott Pai Marire, dem Lockigen, Friedfertigen.

Kurze Zeit danach vergriff sich Te Na an einem Weibe, wurde aber von ihrem Manne gefaßt, in die Hütte geschleppt und an Händen und Füßen gefesselt. Am nächsten Morgen hatte er die außerordentlich festen Fesseln gesprengt, angeblich hatten ihm die Erzengel Gabriel und Michael hierzu die Kraft verliehen. Doch der Ehemann glaubte es nicht, band ihn diesmal mit einer Kette. Abermals zerriß sie dieser an sich schwache Mann. Nunmehr war alles Volk davon überzeugt, daß die Erzengel ihm geholfen hätten. Jetzt war Te Na ein gefürchteter Mann. Die Maori glaubten an seine Visionen, nach denen ihnen in ihrem Freiheitskampfe Legionen von Engeln helfen würden. Mit Begeisterung griffen sie die neue Lehre auf, und es ist merkwürdig, daß ein Volk, das an sich so klug, so außerordentlich bibelfest und tief religiös veranlagt war, diesem Propheten anhing, der obendrein allerhand Hokuspokus aufführte. Unter anderem benutzte er den ausgegrabenen Kopf des bei New Plymouth erschlagenen englischen Hauptmanns Lloyd als Orakel. Der Prophet behauptete, dieser Kopf sei ein Vermittler zwischen ihm und der Gottheit, solange die Maori ihn besäßen, wären sie unbesiegbar. Deshalb räucherten sie ihn nach altem Brauche, um ihn unverderblich zu machen, zogen damit durch das Land, die säumigen Stammesgenossen aufzustacheln. Dabei wurden ernste Religionsübungen abgehalten, aber auch von den Priestern ein Kunstgriff angewandt. Um es möglichst augenfällig zu machen, daß dieses Idol die Vermittlung mit der Gottheit tatsächlich übernommen habe, sprach ein bauchredender Priester zu der gläubigen Gemeinde.

Alle Macht versprach Te Na den Maori: Die Sprachkenntnisse, die Künste und Wissenschaften der Weißen würden auf sie übergehen. „Wenn ein Feind auf einen von euch zielt“, sagte er seinen Anhängern, „so braucht ihr nur noch die flache Hand nach rückwärts zu drehen, sie rasch über den Kopf zu halten und „Hau-Hau“ zu rufen, dann wird die Kugel über euren Kopf hinwegfliegen.“

„Hau-Hau“, ein wilder, dem Hundegebell ähnlicher Schrei, war der Kriegsruf der Maori. Und wie es oft bei fanatisch begeisterten Aufrührern der Fall ist, so besiegten auch die Hau-Haus unter Führung dieses Propheten die Engländer in verschiedenen schweren Kämpfen. Die ganze alte Wildheit der Maori kam wieder zum Ausbruch. Grauenhafte Blutorgien feierten die Sieger. So erschlugen sie den Missionar Volkner, der, im Vertrauen auf die Freundschaft, die bisher die Maori ihm immer entgegengebracht hatten, unter sie gehen und sie beruhigen wollte. Sie erhenkten ihn in der Kirche, schleppten den Leichnam in das Heiligtum, schnitten ihm den Kopf ab und tranken sein Blut. Der führende Häuptling Keriopa aber stach ihm mit einem alten heiligen Nephritmesser die Augen aus und verschluckte sie. Die Gesichter bemalten sich die Mörder mit dem Blute ihres Opfers.

Was half es, daß andere Häuptlinge sich gegen diese Grausamkeiten wandten. Sie wurden überstimmt. Der Aufstand tobte weiter. Es wurde ein Religionskrieg mit aller Macht der Überzeugung geführt. Meist fanden die Kämpfe in Schluchten und Urwaldsdickichten statt, hin und wieder aber mußten die Maori sich doch im Kampfe auf offenem Gelände stellen oder wurden in ihren Pahs eingeschlossen.

Als gefährlichster Führer stellte sich bald der Häuptling Rewi von Waitara an die Spitze der Aufständigen. Mit seinem Stamm hatte er sich bei Orakau fest verschanzt und wurde hier von einer weit überlegenen englischen Truppenmacht angegriffen. Drei volle Tage lang lag die Holzfestung unter dem Feuer der Gewehre und Kanonen. Dann glaubten die Briten den Widerstand des Feindes gebrochen. Dreimal stürmten sie und wurden blutig abgewiesen. Aber endlich war Bresche gelegt, die Engländer drangen in die Festung ein, die Maori schienen besiegt, doch abermals warfen sie die Angreifer hinaus.

General Garey, der einsah, daß schließlich die Maori wohl unterliegen, daß den Engländern der Sieg aber unnötigerweise noch viele Opfer kosten würde, bot eine ehrenvolle Übergabe an. Doch ein alter Maorihäuptling rief ihm entgegen: „Wir werden weiter kämpfen, und immer weiter, immer weiter!" Als dann freier Abzug für Frauen und Kinder geboten wurde, äußerte er: „Auch die Weiber wollen mitkämpfen."

So wurde wiederum das Fort drei Tage unter Feuer genommen. Von allem Wasser abgeschnitten, ohne jegliche Nahrung und Munition hielten die Häuptlinge die Verteidigung aus. Endlich gelang den Engländern der Sturm, und als sie einbrachen, stürzten sich wie rasend die Maori über sie weg, brachen durch ihre Linien und wären entkommen, wenn nicht Kavallerie die Flüchtigen eingeholt und niedergemacht hätte. Aber der Führer Rewi war mit einigen Getreuen entwichen. Die Nutzlosigkeit des weiteren Widerstandes einsehend, legten eine Anzahl Maori die Waffen nieder und bemühten sich, ihre rebellischen Stammesgenossen zu veranlassen, Ruhe zu halten, um wenigstens den Rest ihres Volkes vor dem Untergang zu retten. Aber sie fanden kein Gehör. Es folgte nun ein furchtbarer Buschkrieg, der sich noch lange hinzog. Keine Farm, mochte sie auch noch so weit entfernt von dem Kriegsschauplatz liegen, war vor Rewi sicher. Jetzt im Norden, kurze Zeit darauf im ent-fernten Süden, brannte ein Gehöft nieder, wurden die Einwohner er-schlagen. Drei Jahre lang dauerte dieses entsetzliche Blutvergießen, Mord und Brand, dauerte die Jagd auf Rewi. Doch er war nicht zu fassen, immer entkam er im letzten Augenblick. Eine Belohnung von 100 000 Mark wurde auf seinen Kopf ausgesetzt. Umsonst. Es fand sich kein Verräter, der diesen Blutlohn verdienen wollte. Aber schließlich wurde auch Rewi, dessen Mannschaften immer mehr zusammen-schmolzen, der ewigen Schlächterei müde. Er zog sich in das Königsland zurück. Hier bedrängten ihn die Engländer nicht mehr. Er schloß mit ihnen Frieden. So verlosch allmählich die Kriegsfackel, wenn auch da und dort noch einmal ein Brand aufflammte.

Nach unendlich blutigen Jahren war der Feind geschlagen, 1882 der Friede geschlossen. Straßen-, Brücken- und Eisenbahnbau konnte in Angriff genommen, das Land erschlossen werden. Die Maori bekamen 4 Sitze im Unterhaus und ihr festes Land angewiesen; den Weißen war bei Todesstrafe verboten, dieses Gebiet zu betreten. Erst allmählich öffnete es sich auch den Europäern.

Der Krieg hatte die Engländer 3000 Mann an Toten und Verwundeten sowie 80 Millionen gekostet, außerdem erforderte er noch für weitere 15 Jahre das Unterhalten einer starken bewaffneten Polizei, um etwaige kleine Unruhen gleich im Keime ersticken zu können. Größer waren die Verluste der Maoris, die in diesem Kriege nicht weniger als 9000 Mann verloren hatten. Sie zogen sich gebrochen in das 4050 qkm große „Königsland" westlich des Tauposees zurück.

In den achtziger Jahren des vorigen Jahrhunderts kam es noch einmal zu kleineren Unruhen, als das Königsland vermessen und eine Bahn hin-durchgelegt werden sollte. Sie erloschen erst ganz, als die Engländer sich endlich dazu entschlossen, Rewi, den sie ja doch nicht bekamen, außer Verfolgung zu setzen und zu begnadigen.

Wohl gibt es noch heute einen Maorikönig, doch er ist ohne Einfluß, dagegen sind die Maori sowohl im Unter- wie im Oberhaus Neuseelands vertreten. Eine große Anzahl der jetzigen Eingeborenen haben voll-

*Riesige Kauribäume ragen aus den Buschwälder*

*Die Manawatuschlucht*

kommen europäisches Leben und Sitten angenommen, sind vielfach in England oder Australien erzogen, und es gibt z. Zt. in Neuseeland eine ganze Anzahl Maorianwälte, Ärzte etc.

Somit haben die Maori das erreicht, um was sie so heiß gekämpft haben — die Gleichberechtigung mit den Europäern. Wenigstens äußerlich. In den Augen der Engländer bleiben sie aber immer noch Farbige. Alle Mischehen sind verpönt, kommen sie zustande, so gelten die den Ehen entsprossenen Kinder als Farbige, der weiße Vater aber ist geächtet. Ehen zwischen Maoris und weißen Frauen sind überhaupt eine Unmöglichkeit.

## Neuseelands wunderbare Tierwelt

Spötter behaupten, der Wellingtonmann sei überall in der Welt daran leicht zu erkennen, daß er, in welcher Stadt der Welt es auch sei, beim Umbiegen um jede Straßenecke instinktiv seinen Hut festhalte. Kein Wunder, denn kaum eine zweite Stadt in der Welt gibt es, die gleich windig ist wie die Hauptstadt Neuseelands. Das hat seinen guten Grund, liegt sie doch an der „Windpipe of the Pacific", der Luftröhre des Stillen Ozeans, wo es derartig weht, daß schon Tasman sich gezwungen sah, seinen Kurs zu ändern, nach Nordwest abzubiegen.

Die Stadt hat einen sehr guten Hafen. Da der natürliche Ufersaum aber zu schmal war, sah man sich genötigt aufzuschütten. Auf diese Weise ist es gelungen, nicht nur Platz für Hafenkais, sondern auch für zwei Straßen zu schaffen. Durch diese Lage ergibt es sich, daß sich Wellington amphitheatralisch an den umliegenden Hängen hinzieht.

Von dem Flaggenhügel genießt man einen wundervollen Blick über die Stadt, Hafen und das Meer. Wir hatten, nach den Regentagen der letzten Zeit, das Glück, klare Fernsicht zu haben, so daß nicht nur ein Teil der Bergriesen der Nordinsel, sondern auch der Alpenketten der Südinsel sichtbar waren.

Uns interessierte vor allem der botanische Garten, der ursprünglich nur eine Schlucht umfaßte, in der in wildem Durcheinander die Hauptvertreter der heimischen Flora: Manukabüsche, Olearien, Kaurifichten, teils niedrige, neben prächtigen Baumfarnen ein Bild neuseeländischen Urwaldes boten. Daneben hat man den Garten aber erweitert, auch fast alle australischen Bäume und Sträucher angepflanzt, so daß der Garten ein schön geschlossenes Bild gibt.

Leider machte Wellington schon am zweiten Tage unseres Aufenthaltes seinem Rufe, nicht nur die windigste, sondern eine der regenreichsten Städte Neuseelands zu sein — und das will etwas bedeuten, volle Ehre! Es goß wieder, bis wir an Bord der „Monowai" gingen, die uns nach Lyttelton, der Hafenstadt von Christchurch an der Ostküste der Südinsel, bringen sollte. Nach Passieren der Cookstraße hatte der Sturm die Regenwolken verjagt, und nun folgte eine herrliche Fahrt entlang der Küste mit dem Blick auf die schneebedeckten Ketten der Kaikouras. Man glaubte das Berner Oberland vor sich liegen zu sehen.

Das kleine Lyttelton liegt an einem etwa 16 km langen Einschnitt, bildet dadurch einen ganz vorzüglichen Hafen, in dem selbst die größten Schiffe die Landungsbrücken einlaufen können. Von der eigentlichen Stadt Christchurch ist Lyttelton durch Kraterwände getrennt, über welche die Straßen hinwegführen. Um diesen unbequemen Umweg zu vermeiden, hat man den Krater mit einem 2½ km langen Tunnel durchbohrt, wodurch natürlich der Weg bedeutend abgekürzt ist. Es ist dies übrigens die einzige Stelle der Erde, wo man sich durch einen Krater gewagt hat.

Südlich von Christchurch breitet sich die ungeheure Canterbury-Ebene, die weit nach Süden und im Osten bis an die Hochgebirge reicht. Die vielen nach dieser Seite abwässernden Flüsse sorgen dafür, daß die Ebene immer mehr erhöht wird. Sie bringen ungeheuer viel Geröll und Schlamm mit, durch die sie bei Überschwemmungen nicht nur das Erdreich selber aufbauen, sondern auch ihr eigenes Flußbett erhöhen, so daß sie ähnlich, wie der Niger in Afrika, ein über der umgebenden Erde liegendes Strombett mit erhöhten Rändern besitzen. Zur Zeit der Schneeschmelze steigen die Wasserläufe ganz ungeheuer, überschwemmen weithin das Land. So befruchten sie das Erdreich derartig, daß auf der Canterbury-Ebene die Felder, die vielfach reichen Weizen tragen, niemals gedüngt zu werden brauchen. Aber sie führen auch viel Erdreich ins Meer hinaus, so daß die Banks-Halbinsel mit ihren 5 Kratern, auf der Lyttelton liegt, und die einst eine Insel war, heute in Verbindung mit dem Festland steht.

Baumlos dehnt sich die Canterbury-Ebene, ist mit Feldern bestanden, bildet vielfach aber auch ganz hervorragende Weide, auf der Rinder und Schafe vorzüglich gedeihen. Nur nach dem Oberlauf der Flüsse zu, dehnen sich die Geröllhalden.

Christchurch wurde vor etwa 80 Jahren gegründet und bildet heute eine bedeutende Stadt mit einem wundervollen Botanischen Garten, dem besten Neuseelands, in dem alle überhaupt nur denkbaren neuseeländischen und australischen Gewächse vorhanden sind.

Uns interessierte neben diesem ganz besonders das Canterbury-Museum, das von unserm Landsmann Julius v. Haast bereits im Jahre 1861 begründet wurde. Er arbeitete mit dem bekannten Neuseeland-Forscher Ferdinand v. Hochstetter zusammen, und ihm gelang es, die gesamte neuseeländische Fauna zusammenzubringen. Seine kaufmännische Vorbildung kam ihm bei der Ausstattung des Museums zustatten. Er hatte so viel des wertvollen Moa Materials zusammengebracht, daß er im Tauschverkehr alle großen Museen der Welt mit diesen ausgestorbenen Vögeln versorgen konnte, und dadurch für sein Museum erstaunliche Mengen anderer wertvoller naturwissenschaftlicher und ethnographischer Stücke erhielt.

Werfen wir einen Blick auf die außerordentlich interessante neuseeländische Fauna:

Wie Madagaskar sich in seiner Pflanzen- und Tierwelt von der des benachbarten Afrika unterscheidet, stehen Flora und Fauna Neuseelands auch im Gegensatz zu der Australiens. Alle die eigentümlichen Tiere, die wir von Australien und Tasmanien kennen, wie Känguruh, Beutelwolf, Schnabel- und andere Beuteltiere finden sich auf Neuseeland nicht. Ja, es fehlen hier merkwürdigerweise Säugetiere überhaupt so gut wie völlig. Nur von zwei Fledermausarten wissen wir, daß sie zu den Urbewohnern dieser Doppelinsel gehören. Es soll ferner noch ein braunes, otterähnliches Tier von Kaninchengröße, das die Maori Waitoreki nennen, bzw. nannten, in den Gewässern der Südinsel leben, aber bisher ist es europäischen Sammlern nicht gelungen, dieses interessanten Tieres habhaft zu werden, oder sein wirkliches Vorkommen nachzuweisen. Man darf deshalb annehmen, daß es sich überhaupt um ein Fabelwesen handelt, oder daß einmal ein Tier erlegt worden ist, das zufällig mit irgendeinem Schiff nach Neuseeland gekommen und entschlüpft war. Die heute schon selten gewordene Maoriratte und der inzwischen ausgestorbene Moahund sind vermutlich einst von gestrandeten Schiffen an Land gekommen oder von den Maoris bei ihrer Einwanderung mitgebracht worden. Die Hundeart hatte ein rotes Fell und sah dem gefürchteten Wildhund Australiens, dem Dingo, ähnlich.

Fehlen Säugetiere fast völlig, so ist die Vogelwelt um so stärker vertreten. Aber absonderlich, wie so manches auf diesen Inseln, sind auch diese Tiere. Sie bilden z. T. ein Musterbeispiel für das Sparsamkeitsprinzip in der Natur: Nur die Organe und Glieder beläßt sie den Tieren, die zur Erhaltung notwendig sind, Unnötiges wird rückgebildet. Wie das schon erwähnte, an Raubtieren arme Madagaskar durch besonders große Laufvögel ausgezeichnet war, deren Rieseneier heute noch gelegentlich im Sande gefunden werden, so besaß auch Neuseeland neben den Flugvögeln eine ganze Reihe von Laufvogelarten. Bei dem vollkommenen Fehlen jeglicher tierischer Feinde konnten sie in dem milden, überaus fruchtbaren Klima, bei einer erstaunlichen Vegetation ein wahres Schlaraffenleben führen. Niemand hetzte oder bedrohte sie, so lange es dort keine Menschen gab. Sie brauchten deshalb nicht zu fliegen, ja, nicht einmal schnell zu laufen, wie etwa der afrikanische Strauß, der südamerikanische Nandu, der durch Flügelschlagen die Schnelligkeit, mit der seine langen Beine ihn über die Steppe zu tragen vermögen, steigert. Infolgedessen verkümmerten die Flügel im Laufe unermeßlicher Zeitabschnitte vollständig, so daß bei dem ausgestorbenen Riesenstrauß Neuseelands — dem Moa — der eine Höhe bis zu 4 m besaß, überhaupt kein Ansatz von Flügeln vorhanden war. Ja, sogar das Brustbein hatte nicht einmal einen hervortretenden Kamm, an dem sich die für Flugorgane notwendige Muskulatur hätte ansetzen können. Die Beinknochen waren mit Mark gefüllt wie bei einem Säugetier. Mithin war der Moa ein Vogel, von dem man nicht weiß, ob seine Vorahnen überhaupt sich je anders als zu Fuß fortbewegt haben. Heute sind die Moas ausgestorben, und wir finden nur noch ihre Eier, die merkwürdigerweise der ungeheuren Größe des Vogels nicht entsprachen, sowie Knochen, so daß wir 26 Moaarten unterscheiden können.

Ganz vorsintflutlich müssen diese Vogelungeheuer ausgesehen haben. Auf riesigen, elefantenbeinähnlichen Säulen, deren Knochen eine gewaltige Muskulatur besaßen, ruhte ein dicker, plumper Körper, von dem

*In riesigen Ballen wird die Wolle nach den Küstenstädten gebracht*

sich ein langer Straußenhals erhob, auf dem ein merkwürdig kleiner Kopf ruhte. Der Schnabelbildung nach waren es Pflanzenfresser.

Ehe die Maori vor etwa einem halben Jahrtausend nach Neuseeland kamen, als die Inseln von einem sehr wenig zahlreichen, kleinen negritoähnlichen Volke bewohnt wurden, waren diese Moaarten zweifellos die Herren der Insel. Nur in sehr geringem Maße behelligt, lebten sie vermutlich namentlich in den Urwäldern und an den Urwaldrändern von Wurzelstrünken und Farnen. Ihres plumpen und schweren Körpers wegen haben die Moas sicher nicht schnell laufen können und wurden daher eine leichte Beute der Jäger. Allerdings dürften diese sich nicht in einen Nahkampf mit den Riesenvögeln eingelassen, müssen sie vielmehr mit Hilfe des Wurfspeers erlegt haben. Denn in den langen, gebogenen, eigentlich zum Graben nach Wurzeln dienenden Zehenkrallen besaßen die Riesenvögel ungeheure Waffen, wie heute unser doch lediglich nur als Laufvogel lebender Strauß, oder der Kasuar von Neuguinea, dessen eine gerade Zehenkralle ja von den Eingeborenen sogar als Speerspitze benutzt wird. In Ostafrika habe ich selbst erlebt, daß ein „zahmer" Strauß einem Hüterjungen nur durch Anspringen mit einem Zehenhieb den ganzen Leib aufschlitzte. Die Moas müssen einen äußerst merkwürdigen Anblick gewährt haben, namentlich die von der Südinsel, bei denen die Rückbildung sogar auf die Beine übergegriffen zu haben scheint. Besaßen sie doch nicht wie die Strauße oder die Moas der Nordinsel lange, sondern kurze Stummelbeine. Der Körper der Vögel war fast so breit wie lang. Sie haben sich daher wahrscheinlich nur watschelnd vorwärts bewegen können. Hieraus könnte man schließen, daß die Tiere auf der Südinsel ein Fortbewegen fast überhaupt nicht nötig hatten, weil die Natur ihnen allenthalben das gab, was sie zum Leben brauchten, während auf der weniger fruchtbaren Nordinsel doch ein gelegentliches Hin- und Herwandern nötig war.

Die Maoris haben sich die Erlegung der Moas dadurch erleichtert, daß sie die Vögel gegen Flüsse oder Sümpfe trieben, die diese ihrer Plumpheit wegen nicht passieren konnten. Hat man doch in dem Sumpf von Glenmark auf der Südinsel ungeheure Knochenmengen von offenbar einst im Schlamm steckengebliebenen Moas gefunden. Auch die sonst bei fast allen Naturvölkern und auch bei unseren Vorfahren beliebte Jagdart mit Hilfe des Steppenbrandes dürfte von den Maoris geschätzt gewesen sein, wobei die Tiere entweder im Rauch erstickten, gegen Fallgruben getrieben oder am Zwangswechsel mit dem Speer erlegt wurden. Infolge der Vermehrung der Maoris, deren Zahl durch Zuwanderung, vermutlich von Samoa und Fiji aus, ständig wuchs, nahm naturgemäß die Zahl der hilflosen Moas immer mehr ab, so daß sie in wenigen Jahrhunderten ausgerottet wurden.

Viel ist darüber gestritten worden, wann die Moas ausgestorben sind. Mit Sicherheit haben sie noch nach Ankunft der Europäer gelebt, sonst hätte Hochstetter nicht in einer Höhle Moaskelette finden können, bei denen die sonst so zerbrechlichen feinen Gesichtsknochen nicht nur erhalten, sondern noch elastisch waren. Field grub ein ganzes Moaskelett aus einem Sandhaufen, in dem er zugleich Scherben einer Glasflasche, eine zerbrochene Tonpfeife und ein verrostetes Hufeisen fand. Also besteht kein Zweifel, daß dieses Tier erst nach der Ankunft der Europäer auf Neuseeland getötet worden war.

Leben heute diese Riesenvögel nicht mehr auf der Insel, so hat sich doch eine kleine, ihnen nahestehende Vogelart erhalten, der Kiwi oder Schnepfenstrauß. Auch er kann nicht fliegen. Seine Flügel sind stark verstümmelt. Das Federkleid ist in der Umbildung begriffen, es ist haarartig geworden. Mit Hilfe des langen, gebogenen Schnabels, an dessen Spitze sich die Nasenlöcher befinden, stochert dieser merkwürdige Vogel, der nur bei Nacht auf Äsung ausgeht, überall im weichen Waldboden herum. Der Kiwi lebt als Einsiedler, durchstreift ungesellig die Wälder, wandert auf seinen altbekannten Pfaden einher, mit gesenktem Kopf, die Nase hart am Boden. Sorgfältig werden diese Wege, die als ganzes Netz den Urwald durchziehen, sauber gehalten, jedes etwa hineingefallene Zweiglein entfernt, denn geräuschlos will der nächtliche Jäger pirschen, nicht durch Knacken eines Astes sein Nahen verraten.

Sobald aber die Paarungszeit kommt, wird aus dem Einsiedler ein zärtlicher und auch eifersüchtiger Liebhaber. In mondhellen Nächten ertönt durch den schweigenden Wald der Pfiff des Männchens, dem das Weibchen mit quakendem Laut antwortet. Doch wie überall im Leben ist auch das Kiwiweibchen nur zu häufig von mehreren Freiern umworben. Auf den Lockruf des einen Männchens kommt häufig unter lebhaftem Pfeifen ein zweites heran, das von dem hochaufgerichteten Partner erwartet wird. Kampfbereit senken nun die Gegner den Kopf, mustern sich mit vorgehaltenem Schnabel, ein schnalzender Laut, und schon springen sie plötzlich gegeneinander an. Es folgt ein Zweikampf, halb Boxen, halb Säbelfechten. Hieb folgt auf Hieb; der lange Schnabel fährt dem einen ins Gefieder, ein mächtiger Hieb mit dem krallenbewehrten Fuß ist die Antwort, daß die Federn stieben. Dann stehen sie wieder einander grunzend gegenüber, stampfen den Boden mit den Füßen, um sich im nächsten Augenblick wieder zu packen. Das dauert so lange, bis einer der Kämpfer den besseren Teil der Tapferkeit wählt, und einer schmerzlichen Niederlage die Flucht vorzieht. Stolz richtet sich der Sieger auf, stößt triumphierend laute Pfiffe aus. Da naht das Weibchen, bezwungen durch den Mut und die Kraft des Kiwijünglings. Die Liebkosungen beginnen mit dem Ordnen des Gefieders. Während der Flitterwochen bewohnt das Paar gemeinsam eine Erdhöhle, von der aus die Nahrungsausflüge unternommen werden.

Die Lebensweise des Vogels ist eine nächtliche, während er bei Tage in meist selbstgegrabenen Höhlen, besonders gern unter Baumwurzeln, schläft. Da seine Nasenlöcher an der Schnabelspitze sitzen, und er beim Nahrungssuchen immer ein merkwürdig schnüffelndes Geräusch von sich gibt, darf man wohl annehmen, daß sein Geruchssinn entwickelt ist, der sonst den Vögeln im allgemeinen abgeht. Sorglich untersucht er alles nach Beute, schiebt seinen langen, gebogenen Schnabel tief, meist bis zur Wurzel in das weiche Erdreich. Hat er drunten Beute, z. B. einen Wurm, erwischt, so zieht er den Schnabel nicht schnell zurück, sondern ganz allmählich, unter ständigem Hin- und Herbewegen, offenbar um das gefangene, zarte Tier nicht zu zerreißen.

Erstaunlich ist die Schnelligkeit, mit der dieser „Igel unter den Vögeln" sich fortbewegen kann. Er rennt ganz ungemein geschwind, wobei er den Schnabel weit vorstreckt.

Zweimal im Jahre legt er ein Ei, das er nach Aussage der Maori nicht selber ausbrütet, sondern er bedeckt es mit feuchtem Moos, Blättern und anderen, leicht in Gärung geratenden Stoffen. Die sich entwickelnde Wärme besorgt dann das Brutgeschäft, das allerdings sechs Wochen dauern soll.

Im Londoner Zoologischen Garten hat man aber andere Beobachtungen gemacht: daß die Vögel bis zu zwei Eiern legen und diese selbst bebrüten. Allerdings ist nichts dabei herausgekommen, die Eier erwiesen sich hinterher als faul. Interessant ist, daß der Vogel nicht längs, sondern der Quere nach auf den großen Eiern saß, da er sie sonst nicht hätte ganz bedecken können.

Auch die Zahl dieses merkwürdigen, harmlosen, kleinen Gesellen, der einst in Unmengen die beiden Inseln bevölkerte, ist ungemein zurückgegangen, während früher von den Eingeborenen hundert und mehr an einem Tage erlegt wurden. Nicht nur des vorzüglichen Fleisches wegen wurde der Kiwi gejagt, sondern weil namentlich sein Federkleid von den Maoris zu Mänteln verarbeitet wurde. Heute sind die Vögel gesetzlich geschützt, aber darum kümmern sich leider die unzähligen wildernden Katzen in Neuseeland nicht; ihnen wird über kurz oder lang der letzte Kiwi zum Opfer gefallen sein.

Doch die Reihe der merkwürdigen Vögel Neuseelands ist noch nicht erschöpft. Fehlte den Moas selbst im Skelett jeglicher Ansatz zu Flügeln, besitzt der Kiwi wenigstens noch rudimentäre Reste derselben, so finden wir in Neuseeland einige zu den Rallen gehörige Vogelarten, die schlecht fliegen können, deren Flugorgane aber schon besser entwickelt sind. Die merkwürdigste unter ihnen ist das Maorihuhn, die Weka. Das Tier zeichnet sich durch eine außerordentliche Gefräßigkeit und Dreistigkeit aus. Nichts ist vor ihm sicher. Namentlich glänzende Gegenstände stiehlt es mit Vorliebe. So beschreibt ein Reisender, daß eine Weka versucht hat, ihm, als er im Zelte schlief, die Schneebrille, die er am Hute trug, vom Kopfe zu stehlen.

Als der bekannte österreichische Sammler Reischek einmal vom Essen aufgestanden war, um einen besonderen, gerade in der Nähe aufbaumenden Vogel zu schießen, fand er bei seiner Rückkehr den Tisch leer; eine Weka hatte nicht nur das Essen, sondern sogar Messer und Gabel gestohlen. Aus seiner niedergelegten Weste bemühte sich eine andere, die allerdings festgemachte Uhr zu entwenden. Schlüssel, Teller, Zündhölzer, kurz alles Erreichbare, stehlen diese Vögel, sobald der Mensch nur den Kopf wendet. Die vielgepriesene Vertraulichkeit der Vögel ist demnach nichts anderes als diebische Dreistigkeit. Dabei verstehen sie sehr wohl die Nähe des Menschen auszunützen und suchen bei anhaltendem schlechten Wetter oder vorübergehenden Regenschauern Hütte oder Zelte mit Vorliebe als Unterstand auf.

So dreist sie im allgemeinen sind, so geschickt und gescheit sind sie, sobald sie sich verfolgt wissen. Vor dem Hund flüchten sie gern in Erd-

*Der schneebedeckte Gipfel des Mount Cook*

löcher oder Wurzelgeflechte und entschlüpfen auf der anderen Seite, wenn der Hund noch drüben nach ihnen gräbt. Verfolgt, rennen sie im Zickzack oder um die Bäume. In dieser Hinsicht haben sie gewisse Ähnlichkeit mit ihrem nächsten Verwandten, unserm heimischen Wachtelkönig, der ja einen Jagdhund geradezu zur Verzweiflung bringen kann, indem er immer wieder hart an der Nase des Hundes vorbeiflüchten oder, in die Ecke eines Kartoffelfeldes gedrängt, hier eine unglaublich lange Zeit hin- und herläuft oder sich drückt, ehe er hochgeht.

Die Weka lebt im allgemeinen von Insekten, Larven, Würmern und macht sich dadurch für die Landwirtschaft sehr verdient; daneben frißt sie Fische, Krebse, Ratten, Eidechsen, Vögel, kurz alles, was sie erreichen kann. Im übrigen ist der Vogel ein rechter Raufbold und von Natur zum Kämpfen sehr befähigt, besitzt er doch an seinen Flügelresten scharfe Sporen, mit denen er ganz gefährliche Hiebe auzuteilen vermag.

Ein in mancher Hinsicht der Lebensweise nach dem Kiwi ähnlicher Vogel ist der Kakapo, der Eulenpapagei (Stringops habroptilus). Äußerlich scheinen die Tiere bis auf die grüne Farbe den Eulen näher zu stehen als den Papageien. Ihr Leben ist ein nächtliches, noch heimlicher als das des Kiwis. Wehe, wenn sich zwei Kakapos auf nächtlicher Wanderung begegnen. Sofort bricht ein Zweikampf auf Leben und Tod aus, mit Schnabel und scharfbewaffneten Zehen packen die Kämpen einander.

Selbst in der Paarungszeit sind sie ungesellig. Ist auch der Liebestrieb stark, so reicht er doch nur gerade so weit, daß das Männchen das festgepackte Weibchen nicht tötet. Ein Liebesleben, wie die anderen Tiere, kennen sie nicht. Bei Nacht verlassen sie ihre Unterschlupfe, watscheln die sorgsam geebneten Wege entlang. Jede etwa vorragende Wurzel wird abgezwickt, Steine entfernt; sie halten auf Ordnung. Hat im Winter der Schnee ihre weitverzweigten Pfade verdeckt, so machen sie sich sofort an das Aufräumen, treten die Wege geradezu fest, so daß diese wie von Menschen hergerichtet erscheinen. Alle möglichen Pflanzen bilden die Kost des Kakapo. Ist der Vogel einmal in einen Gemüsegarten geraten, so kann es vorkommen, daß er sich so voll frißt, daß er am Morgen nicht mehr weiter kann und sich zum Verdauungsschlaf unter die Kohlblätter legt.

Obgleich der Kakapo Flügel besitzt, benutzt er sie, selbst wenn er von der Höhe herabfällt oder auf der Flucht ist, nie. Merkwürdig ist, daß diese in Freiheit und gegen ihresgleichen so unverträglichen Vögel in Gefangenschaft ungemein zahm und liebenswürdig werden sollen.

Von dem Rea, dem Nestorpapagei, der sich mit seinem mächtigen dolchartigen Schnabel zum Schafmörder entwickelt hat, ist bereits an anderer Stelle gesprochen worden.

An einem anderen Vogel hat die Natur das Zweckmäßigkeitsprinzip voll walten lassen: bei dem schiefschnäbeligen Regenpfeifer. Im Federkleid sieht er manchen der bei uns vorkommenden Arten ähnlich, der Schnabel ist aber anders geformt, hakenförmig zur Seite gebogen. Das kommt seiner Lebensweise sehr zustatten. Sucht dieser Regenpfeifer nach Insekten, so hat er gar nicht nötig, sich die Mühe zu machen, Steine umzuwälzen, sondern er schiebt einfach von der Seite seinen schiefen Schnabel darunter und greift sich seine Beute.

Über die übrigen neuseeländischen Vögel ist nicht sonderlich viel zu sagen. Neben Papageien, Enten, Singvögeln, Tauben etc. kommen Pinguine, Albatrosse, Möwen, Sturmvögel und andere vor. Eingeführt sind Sperlinge, Stieglitze, Lerchen und sonstige, uns Europäern liebe Singvögel. Hervorzuheben wäre noch, daß die Möwen in Neuseeland sich durchaus nicht nur an Gewässern aufhalten, sondern weit ins Land kommen und, wie z. B. in Holstein, vielfach den Krähen gleich, gern den ackernden Bauern folgen. So finden wir sie in Neuseeland auch als ständige Gäste bei den binnenländischen Schlachthäusern.

Das zweifellos interessanteste Tier, welches diese Inseln beherbergen, ist aber die Brückenechse (Sphenodon punctatus), von den Neuseeländern Tuatara genannt. Sie stellt gewissermaßen das Zwischenglied zwischen Eidechse und Krokodil dar, ein Überbleibsel aus den Zeiten, in denen sich die Vögel von den Reptilien abspalteten. Zweifellos haben wir hier also das entwicklungsgeschichtlich älteste, heute noch lebende Tier, dessen Verwandte seit Jahrmillionen in der Jurazeit verkalkt, versteinert sind. Dem Namen nach könnte man auf den Gedanken kommen, daß die Tiere sich besonders gern an Brücken aufhalten; das ist nicht der Fall. Die Bezeichnung ist vielmehr auf eine anatomische Sonderheit, auf zwei über die Schläfengrube des Skelettes hinweggehende Knochenb r ü c k e n zurückzuführen.

Diese Brückenechse ist etwa 25 bis 30 Zentimeter lang, trägt ein grünliches, gewöhnlich gelb geflecktes Kleid mit Schuppen und Knötchen bedeckt; ein Stachelgrat läuft vom Kopfe bis zur Schwanzspitze und verleiht dem Tiere ein gefährliches Aussehen. Schwerfällig mit dem Bauch auf der Erde schleppend, bewegt es sich vorwärts oder schwimmt, unterstützt durch kleine Schwimmhäute, die sich zwischen seinen Zehen spannen, durch das Wasser. Nur auf der Flucht erhebt die Echse sich auf den Beinen, bald aber sinkt der Körper ermattet herab. Merkwürdig ist, daß das Tier innerhalb des Schädels ein entwickeltes, mit Nerv versorgtes drittes Auge besitzt.

In Höhlen lebt das Tier gern zusammen mit Sturmvögeln, die oft das Erdreich vollkommen unterhöhlen. Das Weibchen der Echse legt Eier, denen aber erst nach elf Monaten die Jungen entsteigen. Da das Tier nirgends auf den Inseln einen Feind hatte, war seine Verbreitung und Zahl früher ungeheuer groß. Das wurde anders, nachdem Cook im Jahre 1773 die ersten Schweine ausgesetzt hatte. Nunmehr wurde es schlimm für diese kleinen, trägen Tiere. Sie fielen den alles fressenden Rüsseltieren zum Opfer, wurden großenteils durch sie ausgerottet und leben heute, nach Möglickeit von Gesetzen geschützt, nur mehr auf einigen kleinen, vorgelagerten Inseln.

Außer der erwähnten Brückenechse leben noch einige andere Eidechsenarten auf Neuseeland, daneben aber nur eine Schlangen- und eine Froschart. Diese ist merkwürdigerweise einer in Peru lebenden sehr ähnlich, stammt vielleicht aus Zeiten, als eine Landbrücke zwischen Neuseeland und Südamerika bestand.

Das die Inseln umgebende Meer ist ungemein fischreich, dagegen fehlten in den Flüssen und Seen, bis zur Ankunft der Weißen, Süßwasserfische, obgleich sie reichlich Nahrung gefunden hätten, fast vollkommen. Deshalb ist von den sport- und angelfreudigen Engländern auch hier nachgeholfen worden und Forellen sowie andere Fische ausgesetzt, die ganz vorzüglich gedeihen.

Haben wir unter den Vögeln und Reptilien merkwürdige Wesen, so wollen auch offenbar die niedrigsten Pflanzenarten nicht zurückstehen. Neuseeland besitzt einen Raupenpilz, der in diesem schon an Insekten sehr armen Lande als Raupenschädling auftritt und stark unter den Insekten aufräumt. Wenn die Raupe einer Motte sich zur Verpuppung einspinnt, so fallen die Sporen des Parasiten (Cordiceps robertsi) über die einschlafende Raupe her, dringen in ihren Körper, verbreiten sich in diesem und füllen ihn allmählich vollkommen aus, so daß sie geradezu einen Ausguß der Raupe darstellen. Dann entwickeln sie sich weiter. Aus dem Maul oder Nacken der Raupe heraus erhebt sich ein wurmähnlicher Stengel von 15 bis 20 Zentimeter Länge, der Sporen treibt. Diese verbreiten sich wieder und fallen über andere Raupen her. An der Luft wird der Raupenpilz bzw. die Pilzraupe hart und holzig. Die Maoris bereiten aus solchen getrockneten Awetaraupen ein Tatauierpulver, das auf die feinen Stichwunden aufgetragen wird, wobei es einen eigentümlichen Geruch verbreitet.

Bei dem Mangel an Tieren, der reichen Weide lag es auf der Hand, daß die Europäer Einbürgerung von Haustieren und Wild versuchten. Ganz vorzüglich hat sich die Einführung von Schafen bewährt. Ungezählte Herden bevölkern heute die außerordentlich fruchtbaren Grasflächen, doch eine Zeitlang waren sie in ihrer Existenz bedroht. Leichtsinnigerweise wurden auch Hasen und Kaninchen ausgesetzt. Dabei hatte man nicht daran gedacht, daß es ja auf diesen gottgesegneten Inseln keine Raubtiere gibt; Marder, Wiesel, Iltis und alle Raubvögel fehlten. Im Jahre 1860 wurden sie zu Sportzwecken von dem Provinzialvorstand von Southland eingeführt. Dieser außerordentlich wichtige (!) Akt wurde mit der bei allen auf Neuseeland stattfindenden sportlichen Veranstaltungen üblichen Feierlichkeit vorgenommen. Alle Welt freute sich der munteren kleinen Gesellen und ließ ihnen anfangs die nötige Schonung angedeihen, indem eine Strafe von 30 engl. Pfund (!) auf die Tötung eines der rührigen Nager gesetzt wurde. Die Wirkung war über alles Erwarten großartig. Die Kaninchen waren dankbar, sie vermehrten sich in einer bis dahin auf der Welt ungeahnten Weise. Bald überfluteten sie das ganze Land; es war nicht mehr möglich, ihnen genügend Abbruch zu tun. Wohin man sah, wimmelte es von Karnickeln. Kein Grashalm wurde mehr lang, alles ästen sie weg. Die Schafe starben an Nahrungsmangel; eine Farm nach der anderen ging wegen Futternot ein. Und die Zahl der Karnickel stieg unaufhaltsam. Alle gegen sie angewandten Mittel blieben erfolglos. Frettchen, Marder, Wiesel, Iltis wurden eingeführt, doch was konnten sie gegen die Karnickelheere ausrichten. Die Wirkung war überdies eine ganz unerwartete: Statt auf die flinken Nager Jagd zu machen, wendeten diese kleinen Raubtiere ihre Aufmerksamkeit vielmehr den unbehilflichen fetten Kiwis und den Maorihühnern zu. Gerade diese interessanten Tiere wurden von ihnen vernichtet.

*Die Mitraspitze im Milford-Sund*

Treibjagden hatten auch keinen entsprechenden Erfolg. Es blieb nichts anderes übrig, als die Felder durch einen Meter hohe Drahtnetze in kleinere Parzellen einzuteilen und in diesen nach Möglichkeit die Kaninchen totzuschlagen. Dabei kam es zustatten, daß diese sonst als erfahrene Tiefbauer so geschickten Nager hier gar keine Anstalten machten, sich unter den nur wenig in die Erde eingelassenen Drahtnetzen hindurchzugraben.

Der Erfolg war gut, besserte sich aber erst nachhaltig, als findige Geschäftsleute darauf kamen, aus den Tieren einen Exportartikel zu machen. Die erlegten Kaninchen kamen in Gefrieranstalten und wurden, immer zwölf in einer Kiste verpackt nach England geschickt. Die Nachfrage war eine über alles Erwarten große, und die Importeure hatten den Vorteil, aus dem Fleisch wie auch aus dem Fell Nutzen zu ziehen. Nun hatte man keine Veranlassung mehr, die Tiere vollkommen auszurotten. Da sie aber in den Wintermonaten wegen Nahrungsmangel im Fleisch sehr schlecht, dagegen ihre Felle gerade in dieser schmalen Zeit sehr gut waren, so legte man im Juli und August, dem südlichen Winter, mit Phosphor vergiftete Weizenkleie aus und sammelte die eingegangenen Tiere, von denen allerdings weitaus die meisten in den Bauen verendeten.

Auf die Dauer haben die Kaninchen trotz ihrer Fortpflanzungsfreudigkeit einer derartigen kombinierten Verfolgung allerdings nicht standhalten können. Ihre Zahl ist in den letzten Jahren ganz bedeutend zusammengeschrumpft, wenngleich es immer noch genug gibt. Die Schafherden haben sich nach Abnahme der Kaninchen wieder ausbreiten können und bilden heute die Haupteinnahmequelle von Neuseeland.

Ähnlich wie mit den Karnickeln ging es übrigens mit den Sperlingen. Auch sie vermehrten sich geradezu ungeheuerlich. Alle Felder drohten durch sie vernichtet zu werden. Schließlich sah sich die Regierung gezwungen, auch gegen sie mit allen Mitteln vorzugehen. Für das Dutzend Spatzenköpfe wurden etwa 40 Pfennige gezahlt, für das Dutzend Eier 20 Pfennige. Das war eine gute Einnahmemöglichkeit; alt und jung machte sich auf die Spatzenjagd. So wurden in einem Jahr nicht weniger als vier Millionen Spatzeneier gesammelt, aber eine Abnahme war kaum zu bemerken. Erst in neuerer Zeit ist es mit Hilfe von Impfungen gelungen, ihrer Herr zu werden. Mehr Freude haben die heutigen Neuseeländer an dem eingeführten Wild. Edel- und Wapiti- sowie Damhirsch, Reh, Gemse, Elch haben sich dank vernünftiger anfänglicher

Schonung und guter Jagdgesetze erstaunlich vermehrt. In vielen rauhen Gebirgsgegenden, die für Farmbetrieb nicht in Betracht kommen, in Sümpfen und Wäldern finden wir sie, zusammen mit Wachteln, Fasanen, Moorhuhn und anderem Wildgeflügel. Für den Staat ergibt sich aus den Jagden natürlich wieder eine weitere sehr erwünschte Einnahmequelle, durch die vor allem die breite Masse des Volkes nicht gedrückt wird. Dabei erleiden Landwirtschaft und Farmbetrieb durch das Wild keinerlei Beeinträchtigung.

Aber gegen kleine Quälgeister war und ist man machtlos: Fliegen und — Flöhe. Absichtlich ist ja dieses Geschmeiß nicht eingeführt worden; sie kamen mit den Matrosen von den Schiffen, fanden in den außerordentlich schmutzigen Hütten der Maoris besten Nährboden und verbreiteten sich. Erst mit fortschreitender Kultur, wachsender Sauberkeit und Verständnis für Hygiene nimmt diese Plage ab.

Als weitere unliebsame Gäste sind von den Schiffen Ratten und Mäuse eingewandert und haben die kleineren Maoriratten fast vollkommen verdrängt.

Eine kleine Tierart — ein Insekt — ist eingeführt worden, das von allerhöchstem Werte ist, unsere Honigbiene: Als man seinerzeit Klee nach Neuseeland gebracht hatte und voller Freude sein Gedeihen sah, machte man im folgenden Jahre die traurige Erfahrung, daß er sich nicht vermehrte. Bis endlich ein erfahrener Mann darauf hinwies, daß ja vergessen war, Bienen und Hummeln — die Befruchterinnen des Klees — mitzubringen. Infolgedessen wurden beide Insektenarten importiert, und damit war der Schaden behoben. Im übrigen finden diese Immen noch besonders an den gleichfalls ins Land gebrachten Eukalypten reichen Blütensaft und liefern einen ungemein aromatischen Honig.

In keinem Lande der Welt finden wir eine derartige Neuordnung der Fauna wie in Neuseeland. Mit Eintreffen der ersten Entdecker, der Maoris, begann ein Vernichtungskampf gegen die alte Tierwelt, die so zahlreichen Moas, deren Fleisch jahrhundertelang der Bevölkerung Nahrung gegeben hatte, und andere Tierarten wurden ausgerottet. Neue, weiße Entdecker kamen. Sie füllten die Lücken, führten neue Tierarten ein, so daß wir heute auf Neuseeland eine vollkommen faunistische Umbildung erleben, ohne daß die noch vorhandene, spärliche heimische Tierwelt darunter zu leiden braucht.

# Im Zauberland Neuseeländischer Fjorde

Wie ganz anders wirkt die Südinsel gegenüber ihrer nordischen Schwester. Dort die Wunderwelt himmelstrebender Kegel teils tätiger, teils erloschener Vulkane, zwischen ihnen hundertgestaltige Geyser, Seen und Flüsse aller Art und Farbe. Hier eine gewaltige Hochlandsnatur, eine schnee- und gletscherbedeckte Alpenwelt, in die Südsee versetzt, mit Urwäldern in ihren oft tief eingeschnittenen Tälern, erfüllt mit den Wundergewächsen üppigster Tropenwildnis, beschattet von Baumriesen. Dann wieder liebliche Matten, unendliche Weiden, Futterstellen für unermeßliche Herden.

Diese Welt wollten wir besuchen, ehe wir Abschied nahmen von den Doppelinseln.

An der Küste entlang führt die Bahn südwärts, von Christchurch nach Timaru. Durch eine meist fruchtbare Ebene rattert der Südexpreß. Da und dort kleine Orte. Zur Rechten im strahlenden Morgenlicht die Schneeberge der Neuseeländer Alpen, zur Linken das türkisblaue Weltmeer. Wo findet man Ähnliches in der Welt?

Von Timaru biegen wir westwärts ab. Hinauf geht es in die Berge nach Fairlie Creek; von hier fährt uns ein Wagen auf die Höhe nach dem Burkespaß. Die Vorberge liegen hinter uns. Vor uns ragen, fast greifbar nahe, die Schnee- und Eisspitzen. Rundum allenthalben abgeschliffene Felsplatten als Zeichen, daß einst die Täler durch mächtige Gletscher ausgefüllt waren. Riesige Moränenwälle sind noch erhalten, haben sich zusammengeschlossen, das Gebirgswasser zu einem riesigen See gestaut. Hier braust der Waitaki, führt milchig-weißes Gletscherwasser in breitem donnernden Strome talwärts. Tiefblau dehnt sich vor dem Hotel, in dem wir übernachten, der Tekaposee.

Weiter geht es am nächsten Morgen über alten Gletscherboden. Nur noch kümmerliche Weide. Schwarzgestrichene Holzpfosten markieren die Wege, denn hier fällt im Winter oft ungeheuer viel Schnee, erfüllt die Täler, ebnet alles ein, so daß eine Orientierung ohne diese Marken unmöglich wäre. Oft genug wird der Schneefall für die hier oben weidenden Schafherden verhängnisvoll. Passierte es doch einmal, daß von Zehntausenden von Schafen nur etwa tausend gerettet wurden. Wochenlang waren die unglücklichen Tiere eingeschneit, ohne jede Nahrung. Sie preßten sich dicht zusammen, wärmten sich gegenseitig. Aber nur von denen, die in der Mitte waren, blieb ein Teil erhalten.

Der Doverpaß wird erreicht, und von hier aus genießen wir den ersten vollen Anblick des dachförmigen Mount Cook oder, wie ihn die Maori in ihrer bilderreichen Sprache nennen: des Aorangi. „Licht des Tages" bedeutet dieses Wort, denn dieser himmelstrebende, mit 3768 m höchste Berg von Neuseeland ist naturgemäß der am längsten von der Sonne beschienene Berg der Insel, vorausgesetzt, daß nicht Wolken ihn einhüllen. Die ganzen nächsten Stunden behalten wir das gewaltige Bergmassiv mit seinen Schneefeldern, Gletschern und wilden Abstürzen vor uns. Vorüber führt die Straße an Seen, entlang an dem mehr als 3 km breiten, geröllerfüllten Bett des vielarmigen Tasmanflusses. Riesige Felsblöcke säumen den Weg. Eine gewaltige Steinmoräne baut sich vor uns auf, verdeckt einen großen Teil des Tasmangletschers, aus dessen Pforte der gleichnamige Fluß entspringt. Höher hinauf. Und jetzt liegt vor unserm Auge dieses mächtige, zerrissene, im Sonnenlicht herrlich leuchtende Gletschermeer in einer Länge von fast 30 km bei einer Breite von mehr als 2 km. Nach links biegt das Houkertal ab. Unser Ziel — Hermitage —, das in wunderbarer Einsamkeit angelegte Gasthaus, ist erreicht. Rundum dichte Buschvegetation, Farne, Berglilien, und wer höher hinaufsteigt, findet hier auch die weißen Sterne des Edelweiß. In den Alpen, auf den Höhen der Hawaiischen Inseln und hier in Neuseeland habe ich sie gepflückt.

Eine wunderbare Ruhe rundum, nur unterbrochen vom Brausen der Gebirgsbäche, von dem Donnern der Lawinen, die fast ständig aus dem Bergriesen zu Tal brüllen. Für Bergsteiger bieten sich hier herrliche Gelegenheiten zu Hochtouren. Lange hat es gedauert, bis der Aorangi und seine Nachbarberge bezwungen waren.

Eigentlich war es unser Plan, über die Alpen hinweg die Westküste und damit die Wunderwelt der neuseeländischen Fjorde zu erreichen. Aber der Ausflug war uns doch zu anstrengend. So wählten wir den bequemeren Weg, kehrten nach Timaru zurück, um von Dunedin aus einen neuen Vorstoß ins Innere nach dem berühmt schönen Wakatipusee zu unternehmen.

Bis Kingston bringt uns die Bahn durch wenig interessantes Hügelland. Damit ist die Südspitze des S-förmig gebogenen, grünschimmernden Wakatipu erreicht. Mich erinnerte er an den Vierwaldstätter-See, der ja ähnlich gewunden, gebogen ist, aus dem auch in gleicher Weise mehr als 1000 m hoch die schroffen Felswände emporwachsen. Es ist eine herrliche Fahrt in dieser Alpenszenerie. Ständig tauchen neue, schneegekrönte Spitzen auf. Und nun öffnet sich die Landschaft vor uns: Queenstown in einer entzückenden Bucht. Einst wurde hier viel Gold gefunden. Das Schwemmland hatte das edle Metall aus den Bergen herabgebracht. Allmählich war es erschöpft; die Goldsucher, welche zu Tausenden im Städtchen gelebt hatten, verliefen sich, um an anderer Stelle das gelbe Erz zu graben. Statt des metallischen Goldes rauschen heute Weizen-, Gerste- und Haferfelder in der fruchtbaren Arrowtownebene.

In wilder, unheimlicher Fahrt geht es die Skipperstraße entlang, die Alpenszenerie. Immer neue Bergformationen. Dazu die wundervolle, bald smaragdgrün, bald türkis und ultramarin schimmernde Farbe des klaren Sees, in dessen von keinem Windhauch getrübter glatten Fläche sich die Bergketten spiegeln.

Gute Weide geben die Gebirgstäler für Schafe. Lange Zeit gediehen aber die Farmen nicht wegen der ungeheuren Zahl von Kaninchen. Ja, zeitweise vertrieben die vermehrungstollen Nager sogar die Schafe.

Eine wilde, unheimliche Fahrt geht die Skipperstraße entlang, die aus den senkrecht abfallenden Wänden geradezu herausgeschnitten ist. Herrliche Fernsichten, immer neue Bergbilder! Wehe, wenn hier die Bremsen versagen. Hunderte von Metern tief würde der Wagen hinabstürzen in den schäumenden Fluß. Aber der rastlos schaffende Menschengeist hat auch ihn sich dienstbar gemacht. Drunten arbeiten Baggermaschinen, um auch hier wie an so vielen Stellen Neuseelands Gold ans Tageslicht zu schaffen.

Nach Dunedin zurückgekehrt, benutzen wir einen Dampfer, um vorüber an Neuseelands südlichstem Hafen Bluff die Fahrt nach den Fjorden zu unternehmen.

Die Südküste leidet infolge der ungeheuren Vegetation, der von dem kalten Südmeer heranströmenden, an den erwärmten Berghängen sich fangenden kalten Luft ungemein unter Niederschlägen. Man kann rechnen, daß es an fast dreihundert Tagen im Jahre regnet. Die Niederschlagsmenge ist so gewaltig, daß Ackerbau unmöglich ist. Wer Glück hat, wie wir, Sonnentage zu erwischen, genießt um so mehr die Fahrt, den Blick auf die zerrissenen Gebirge, auf die Wälder, auf die Wasserfälle, die sich aus der Höhe herabstürzen.

Fjord reiht sich an Fjord. Sie haben viel Ähnlichkeit mit denen von Norwegen, nur ragen die Berge höher empor. Dazu kommt die merkwürdige, üppige Vegetation, der die vielen lichtgrünen Farnbäume mit ihren mächtigen palmenartigen Wedeln einen geradezu tropischen Charakter verleihen. Die Perle der Fjorde ist der Milford-Sund. Er ist einzig schön. Ja, nicht mit Unrecht wird gesagt, daß es die weite Reise von Europa nach Neuseeland lohnt, nur um diesen einen Fjord zu sehen. Die Uferabhänge, die ihn namentlich nach Norden zu abschließen, steigen etwa 1000 m hoch steil aus dem Wasser empor. Nur an dem schmalen oberen Ende des Sunds findet sich eine kleine Ebene an der Mündung zweier Flüsse. Hier steht ein Hotel. Im Norden ragt der Mount Kimberley. Andere Riesen säumen den Fjord. Besonders eigenartig ist die Mitre Peak, die im Süden als spitzer Kegel schlank und steil, nicht unähnlich dem Matterhorn, gen Himmel ragt. Allenthalben stürzen von den Bergen wie Silberfäden Wasserfälle ins Meer, die sich von den dunklen Fjordhängen im Sonnenlicht glitzernd abheben. Wo es Felsstufen irgend zulassen, hat sich — wie grüne Bänder zwischen den nackten Felsabstürzen — Pflanzenwuchs angesiedelt. Unangenehm sind bei der Fahrt auf dem See nur die vielen, unendlich kleinen Sandfliegen. Noch ein Stück weit fahren wir den Arthurfluß hinauf zu dem reizenden Te Anau-See, folgen einem schmalen Buschpfad. In der Ferne braust es, verstärkt sich zum Donnern, je näher wir kommen. Und plötzlich stehen wir vor einem der höchsten Wasserfälle der Welt — dem Sutherland-Fall, der aus mehr als 600 m Höhe sich in die Tiefe hinabstürzt. Ein merkwürdiges Schicksal wollte es, daß der Entdecker dieses Wasserfalls bei dem Versuch, von hier aus einen Übergang über die Berge zum Wakatipusee zu finden, abstürzte. Seine Leiche fand man später tief unten im Tal.

Unbeschreiblich, überwältigend waren die Eindrücke, die wir hier am Milford-Sund in uns aufnahmen. Unvergeßlich wird uns dieses „Juwel der Antipoden" bleiben. Auf allen meinen Reisen habe ich nichts Schöneres gesehen. Und die Natur, das Klima haben dafür gesorgt, daß dieser heilige Friede wohl niemals dauernd gestört wird. Fernab von der breiten Heerstraße der Touristen liegt dieser Sund.

Immer und immer wieder kehrte unser Blick vom abfahrenden Dampfer zurück nach der Wunderwelt der Neuseeländischen Alpen, die sich uns hier vor dem Scheiden von der herrlichen Insel zum letzten Male offenbarte.

Ein letzter Sonnenstrahl fiel auf ihre glitzernde Eiskrone, ehe sie im Dunst unserm Auge entschwand.

Nord-Insel
NEU-SEELAND
Süd-Insel
NEU-GUINEA
NEU-KALEDONIEN
AUSTRALIEN
NEU-SEELAND
North-C.
C. Maria van Diemen
Bay of Islands
Russel
Whangarei
Gt Barrier Id
Auckland
Waikato R.
Bay of Plenty
Waitomo
Rotorua
Taupo
New Plymouth
Egmont
Wanganui R.
Ngauruhoe
Ruapehu
Mt Egmont
Gisborne
Poverty
Hawke B.
Napier
Wanganui
Waipawa
Palmerston N
Woodville
Golden Bay
COOK-STRASSE
Masterton
Wellington
Karamea Bight
Nelson
Blenheim
Westport
Reefton
Greymouth
Hokitika
Jackson
Kaikoura
Bealey
Culverden
Bruce B.
Christchurch
Lyttelton
Banks Halbinsel
Methven
Springburn
Jacksons B.
Hermitage
Ashburton
Milford Sd
Timaru
Waitaki R.
Pembroke
Queenstown
Oamaru
Dunback
Palmerston
Kingston
Dunedin
Mossburn
Gore
Orepuki
Invercargill
Bluff
Stewart Id